华夏文库·道教与民间宗教书系

中国道官制度史

刘康乐 著

中原传媒 中州古籍出版社

图书在版编目(CIP)数据

中国道官制度史 / 刘康乐著. —郑州：中州古籍出版社，2020.6（2022.12重印）

（华夏文库·道教与民间宗教书系）

ISBN 978-7-5348-9201-1

Ⅰ.①中… Ⅱ.①刘… Ⅲ.①道教-官制-研究-中国-古代 Ⅳ.① B958 ② D691.42

中国版本图书馆 CIP 数据核字（2020）第 094578 号

ZHONGGUO DAOGUAN ZHIDU SHI

中国道官制度史

总 策 划	耿相新　郭孟良
项目协调	单占生
项目执行	萧梦麟
策划编辑	肖　泓
责任编辑	高雪薇
责任校对	岳秀霞
封面设计	新海岸设计中心
版式设计	曾晶晶
美术编辑	王　歌

出 版 社	中州古籍出版社（地址：郑州市郑东新区祥盛街27号6层 邮编：450016　电话：0371-65723280）
发行单位	河南省新华书店发行集团有限公司
承印单位	河南新华印刷集团有限公司
开　　本	640 mm×960 mm　1/16
印　　张	14.5
字　　数	170 千字
印　　数	2 001—4 000 册
版　　次	2020 年 7 月第 1 版
印　　次	2022 年 12 月第 2 次印刷
定　　价	46.50 元

本书如有印装质量问题，请联系出版社调换。

绪论

自汉武帝推行"罢黜百家,独尊儒术"政策以来,道教逐渐被政治边缘化而转入民间社会,甚至退隐在社会之外,国家对道教的管理随着皇权的加强而不断强化,道官制度就是国家为了有效管理道教事务而产生的。

道官史的研究有着特殊性和一定难度。在中国古代官制体系中,道官与僧官、医官、阴阳官等同属"技术性官僚"。就道教而言,虽然国家强化对道官的控制,但在以儒学为正统思想的统治者和儒家士人看来,道教与巫术文化相杂糅,道教经典不入国家正典之流,由道士所担任的道官也不入国家官制的正统,因此历代典籍对此少有录载,或者对道官历史的记载相当混乱。清代的《续文献通考》甚至称"按马端临考,无所谓僧道官",从根本上否认了道官的历史存在。

那么,道官到底属于什么身份?执掌哪些事务?对此目前各种词典有着比较相似的解释,比如《汉语大词典》释"道官"为"掌道教之官";《宗教大辞典》释"道官"为"中国封建王朝管理道教事务的官吏,一般由道士充任";《中华道教大辞典》释"道官"为"掌管道教事务的官吏,一般由道士充任"。从这些词典的解释来看,学术界基本上对于道官的身份和职责具有共同的认识,即道官一般是古代政府任命的由道士来充任、执掌道教事务的一类宗教官吏。[1]

"道官"一词,最早见于寇谦之所撰的《老君音诵诫经》:"道陵演出道法,初在蜀土一州之教,板署男女道官,因山川土地郡县,按吾治官靖、庐、亭、宅,与吾共同领化民户。"[2]可见"道官"一说,在早期天师道诞生之初就已存在了。朱权编《天皇至道太清玉册》卷上"道门官制章"考证"道官"之源曰:"周穆王以道士高拱宸为祭酒,祀元始天皇于尹真人草楼,此道官之始也。"不过并无其他文献的证据。《老君音诵诫经》中还有"道官箓生""道官祭酒""男女道官"等诸如此类的名称。道官祭酒是早期天师道在政教合一地方政权下,具有道教身份、管理治下道民的天师道的神职人员,作为早期道教组织的神职官吏,道官祭酒自有其特殊的时代特点。

在天师道道教教职和神仙等级中,天上有仙官,人间有阳官,鬼道有阴官,男女道士皆称为"道官"。"官"有执掌、管理之意,"以官为师,以官为长"的传统观念反映在"道官"上,还具有"道门之长"尊称的意味。天师道的"道官"作为官长的角色,是与"道民"相对应的,又称"男官""女官"或"男女道官"。《玄都律文》云"道士、女官、道民、箓生、百姓所奉属师者"[3],反映出道官作为早期道教神职和教民师长的宗教领袖地位。此种将"道官"作为道士尊称的传统一直保存下来,在元明话本、戏剧、小说等俗文学中,常见有称呼道士为"道官"的地方。

曹操占领汉中之后,张鲁降曹,天师道政教合一的政权随之瓦解,

---

[1] 明清政府又把六科给事中与都察院属官十三道监察御史称为"科道官",或称"道官",不过不属于道教管理制度中所指的"道官"范畴。

[2] 〔北魏〕寇谦之:《老君音诵诫经》,《道藏》第18册,北京:文物出版社、上海:上海书店、天津:天津古籍出版社,1998年,第216页。

[3] 《玄都律文》,《道藏》第4册,北京:文物出版社、上海:上海书店、天津:天津古籍出版社,1998年,第459页。

道徒大量北迁，原有的祭酒制度遭到了破坏。祭酒不再具有道官的职责，祭酒与道民的关系也由官民关系转化为师徒关系。隋唐时代，作为道官官号的祭酒成为道士修行次第的道阶，并以祭酒为道士的七级道阶之一。《太上洞玄灵宝出家因缘经》曰："凡有七阶，俱称道士。……七者祭酒，谓屈己下凡，救度危苦，故得天下地上，六道四生，礼拜归敬，最为尊胜，不朝天子，不揖公侯，作人天福业，受三界供养。"[1]

历代道官的具体职位名称极多，根据品级和职责的不同而有不同的称谓，同一职责的道官，在不同的时代又有不同的名称。天师道教团最早有祭酒道官，南北朝道馆制度建立以后，政府为了加强对道教的管理，开始在道馆任命基层的道官，名称有馆主、坛主等，至于北周、隋，基层道官都称为"观主"，除此以外还有上座等其他职位。属于中央一级的道官，北魏曾在京城设仙人博士，实际上负责为皇帝提供道教知识的指导。南朝梁武帝首次设道正一职，以道士充任，在京城有大道正，各州设小道正，负责管理道教事务。隋文帝在京城设道门威仪管理道教，唐代沿袭了此一名称，并增设道门大德、道门教授、宫观三纲等许多新的道官职位。

五代后周时道门威仪改称"道录"。北宋的道官制度比较复杂，所设道官的职位更为丰富，在中央设有道录院，道录院下设左右街道录司，中央道官称为"道录"等，地方诸州府、道教名山则有道正、道判、都监等职。除此之外，各官方宫观还设有俗人担任的提点、提举等。金代道官制度与宋代较为接近，"所设道职，于帅府置司，正曰道录，副曰道正"[2]。元朝在中央设集贤院以掌管全国宗教事务，道官也归于其

---

[1] 《太上洞玄灵宝出家因缘经》，《道藏》第6册，北京：文物出版社、上海：上海书店、天津：天津古籍出版社，1998年，第139页。

[2] 〔宋〕宇文懋昭：《大金国志校正》卷36，北京：中华书局，1986年，第518页。

中[1]，基本上延续了宋代的道官制度。

明朝政府为强化对宗教的管理，把道官完全归入政府官僚体系之中，在南京设置玄教院管理道教，洪武十五年（1382）改为"道录司"，设左右正一、左右演法、左右至灵、左右鉴义等中央道官；在地方府设道纪司，置都纪、副都纪各一员，州设道正司，置道正一员，县设道会司，置道会一员，皆设官不给俸禄。此外还在龙虎山设正一真人、法官、赞教、掌书等，阁皂山、茅山各设灵官一人，太和山、齐云山、王屋山等重要宫观各设提点等。

清朝优崇藏传佛教，道教渐趋衰微，道官制度虽沿袭明代，但徒有虚名而已，已难以发挥其作用。据《皇朝文献通考》，清朝道官的职别、名称与明朝基本相同，只是在员额、职掌等方面略有增减而已，此外亲王和内务府已成为掌管道教事务和任命道官的主要责任者。1912年中华民国成立，宣布实行政教分立的国家宗教政策，废除了延续两千多年的道官制度。1912年，北京白云观住持陈明霖在北京发起成立中央道教会，同时第六十二代天师张元旭在上海发起筹备中华民国道教总会，开启了道教管理制度崭新的一页。

---

[1] 〔明〕宋濂等：《元史》卷87，北京：中华书局，1976年，第2192~2193页。

目 录

一 道官的起源与祭酒道官 ················· 1

    1 上古国家宗教官制 ················· 2

    2 天师道与祭酒道官制度 ················· 8

    3 小结 ················· 23

二 南北朝道官制度 ················· 25

    1 南朝道官制度 ················· 26

    2 北朝道官制度 ················· 32

    3 小结 ················· 37

三 隋唐五代道官制度 ················· 38

    1 从崇虚局到功德使 ················· 39

    2 道门威仪 ················· 49

3　道门大德 ························· 63
　　4　宫观三纲 ························· 68
　　5　小结 ···························· 73

四　宋代道官制度 ····················· 74

　　1　左右街道录院 ······················ 75
　　2　地方道正司 ······················· 86
　　3　道官品阶和铨选 ···················· 93
　　4　附：金朝、西夏、越南的道官制度 ········ 98
　　5　小结 ··························· 106

五　元代道官制度 ···················· 107

　　1　知集贤院道教事 ··················· 108
　　2　道教所总领教门事务 ················ 116
　　3　各教地方道门提点 ················· 125
　　4　政府地方各级道官 ················· 134
　　5　小结 ·························· 141

六 明代道官制度 ············ 142

1 从玄教院到道录司 ············ 142
2 地方各级道官 ············ 158
3 道官铨选制度 ············ 168
4 道官公务制度 ············ 180
5 小结 ············ 194

七 清代道官制度 ············ 196

1 道录司 ············ 197
2 地方各级道官 ············ 208
3 小结 ············ 219

一 道官的起源与祭酒道官

道教的产生有着久远的历史，道家哲学、神仙思想、方仙道等，都是道教的源头。道官制度是借鉴中国古代官制而产生的，特别是上古国家宗教的祭祀官制度，对道官制度的产生有着重要的影响。在上古时期，中国已经有了专事于宗教事务的官吏和祭司，道教继承了上古的宗教和巫史文化传统，早期道教如天师道等道教组织，曾经建立过政教合一的割据政权，借鉴上古国家宗教祭祀制度，建立了教团自治性质的祭酒道官制度。

1 上古国家宗教官制

南正

在自然宗教时代，或者称为巫教时期，作为部落首领或统治者的巫觋掌握着宗教祭祀活动，《国语·楚语》称"古者民神不杂"[1]，意思是国家垄断了人与神的沟通，由巫觋承担着民神沟通的中介。巫觋乃是原始时代的专职祭司，称为"祝"，是由神明指定的祭祀者。在氏族统治时代，氏族首领往往就是巫觋，黄帝也可以说是一位大祭司，黄帝统一氏族联盟始建官制，以"云"命名百官，其中设有三公、四辅、五官等。

但是到了少昊时代，由于联盟领袖的势力衰微，氏族联盟面临瓦解，黄帝所建立的祭祀官制被破坏，以至于"民神杂糅，家为巫史"，宗教神权流落于民间巫觋之手。宗教祭祀神权的旁落，严重地威胁着氏族首领的统治地位。

---

[1] 徐元诰：《国语集解》，北京：中华书局，2002年，第512~513页。

为了垄断民神交通的宗教神圣特权，上古统治者曾三次"绝地天通"，其中以颛顼时代为盛。《山海经·大荒西经》载："颛顼生老童，老童生重及黎。帝令重献上天，令黎邛下地。"[1]《尚书·吕刑》和《国语·楚语》也记载了这件事情。"绝地天通"的宗教改革，实质上是宗教与世俗分离的象征，专司宗教祭祀的神职人员从世俗中独立出来。通过"绝地天通"的施政意图，颛顼任命了重要神职官员"南正"，使得宗教神权重新回到氏族首领之手。

颛顼以阴阳五行设五官，其中有"南正"一职，掌管宗教事务。《国语·楚语》云："颛顼受之，乃命南正重司天以属神，命火正黎司地以属民，使复旧常，无相侵渎。"[2]也明确此处重黎所担任的南正是执掌宗教事务的官职。又《汉书·百官公卿表上》："自颛顼以来，为民师而命以民事。有重黎、句芒、祝融、后土、蓐收、玄冥之官。"[3]颜师古注引汉应劭曰："颛顼氏代少昊者也，不能纪远，始以职事命官也。春官为木正，夏官为火正，秋官为金正，冬官为水正，中官为土正。"[4]其中又称重黎为春官木正，实际上就是南正。上古时期统治者通过设置宗教官吏，以政治权威干预宗教事务，或直接掌握宗教神权，并将世俗权威加以神权的授予，从而强化世俗统治的神圣地位。

宗官

虽然黄帝、颛顼之时已设官吏，并有掌管祭祀的春官等，但国家

---

[1] 袁珂：《山海经校注》卷11，成都：巴蜀书社，1993年，第460页。
[2] 徐元诰：《国语集解》，北京：中华书局，2002年，第515页。
[3] 〔汉〕班固：《汉书》卷19，北京：中华书局，1962年，第721页。
[4] 〔汉〕班固：《汉书》卷19，北京：中华书局，1962年，第723页。

尚未建立，官无常设。在国家建立以后，宗教活动成为国家政治生活的重要内容，敬天法祖的祭祀是国家的重要礼仪活动，围绕君权神授的统治思想和神道设教的政治目的，国家建立了一套完善的宗教祭祀制度和祭祀官僚体系。夏、商、周三代的宗教以拜天祭祖为主要内容，奉行以宗法血缘关系为基础的国家宗教，天子既是王朝的象征首领，也是国家祭祀的大祭司。国家宗教既是王朝的统治工具，也是国家政治生活的重要内容，宗教事务归于王室的控制之下，所设的宗教官职也极为显要。《历代职官表》称："三代以宗官事神，其职最重。"[1] "宗官"即掌管礼乐之官，就是商周时代的太祝、宗伯等官。

夏朝立国，设六卿之官辅助王政，颛顼时代的"五官"仍然被沿用下来。然而考察夏朝的祭祀官制，苦于文献资料的匮缺，难以窥见其具体的祭祀官吏的署置。商代已有甲骨文、金文等文献资料留世，为我们考察上古国家祭祀官制提供了线索。商朝是一个有着浓厚宗教信仰的朝代，国家官制中宗教事务最为重要，神权时代的殷商，宗教在社会生活中占据重要地位，事必卜问，每卜必祭，故此非常重视巫祝和占人，他们即国家官制中的专管宗教和祭祀的神职官吏。《礼记·曲礼》曰："天子建天官，先六太，曰太宰、太宗、太史、太祝、太士、太卜。"[2] 在最为重要的中央官职"六太"之中，宗教之官占有相当的优势，有管宗教占卜等事务的巫官"太卜"，并有祭祀祈祷之官"太祝"和神职官吏"太士"。此外，巫官也是商朝的专职神职官吏，是神人沟通的重要媒介，在官僚体系中地位十分重要，通常是天子的重要辅臣。巫官都是由文化素质较高的士人担任，他们具有丰富的知识和过人的才能。上古史官因为知识较为渊博，熟悉各种祭祀礼仪，通

---

[1]〔清〕纪昀等：《历代职官表》卷28，上海：上海古籍出版社，1989年，第536页。
[2]〔汉〕郑玄注，〔唐〕孔颖达正义：《礼记正义》卷4，上海：上海古籍出版社，1990年，第80页。

常兼任巫官，合称"巫史"。

商重鬼神而周重人事。随着社会的发展，宗教神权渐趋衰落，国家官制中的政事之官和神职之官渐渐分离，而神职官吏的地位也在渐渐下降。周代官制分设天、地、春、夏、秋、冬六官，春官以大宗伯为长官，主掌礼制、祭祀、历法等事。作为国家祭祀官的宗伯为周代六卿之一，也就是颛顼所设之春官木正，即后世礼部之职，故亦称礼部尚书为大宗伯或宗伯，礼部侍郎为少宗伯。《周礼》记载："乃立春官宗伯，使帅其属而掌邦礼，以佐王和邦国。"[1]《周礼》并详细规定："大宗伯之职，掌建邦之天神、人鬼、地示之礼，以佐王建保邦国。以吉礼事邦国之鬼神示，以禋祀祀昊天上帝，以实柴祀日、月、星、辰，以槱燎祀司中、司命、风师、雨师，以血祭祭社稷、五祀、五岳，以貍沉祭山林川泽，以疈辜祭四方百物。"[2]

大宗伯作为周代的最高祭祀官，其属官尚有太祝，掌祭祀祈祷之事，有太卜、占人等，负责卜筮吉凶等宗教事务，太卜掌管玉兆、瓦兆、原兆三种卜兆之法，占人"掌占龟。以八筮占八颂，以八卦占筮之八故，以眡吉凶"。[3]太祝、太卜等皆属于礼官的范围。另外周朝还设有龟人一职，专事养龟，供应占卜所用的龟甲。朝廷每遇重要国事，都要向天神和祖先占卜吉凶，然后举行祭祀活动。

春秋时期，各诸侯国也设专人主管宗教卜筮事务，并有宗伯或宗

---

[1] 〔汉〕郑玄注，〔唐〕贾公彦疏：《周礼注疏》卷17，李学勤主编：《十三经注疏》四，北京：北京大学出版社，1999年，第432页。

[2] 〔汉〕郑玄注，〔唐〕贾公彦疏：《周礼注疏》卷18，李学勤主编：《十三经注疏》四，北京：北京大学出版社，1999年，第450页。

[3] 〔汉〕郑玄注，〔唐〕贾公彦疏：《周礼注疏》卷24，李学勤主编：《十三经注疏》四，北京：北京大学出版社，1999年，第648页。

人为祭祀官,设有史、卜人、卜士等掌管卜筮。[1]楚国的官制异于中原,其中有卜尹或开卜大夫为负责占卜吉凶的官吏。据学者考证,屈原曾为楚国的大祭司,其官职三闾大夫即巫官[2];齐国政府设有玄官,掌国家祭祀。《管子·幼官》云:"令曰:以尔壤生物共玄官,请四辅,将以礼上帝。"[3]此处玄官即齐国国家祭礼皇天上帝的专职宗教官员。

太常

秦统一后,沿用周制,设太卜、太祝、奉常等职掌管国家的宗教祭祀等事务。汉承秦制,设奉常为九卿之一,汉景帝中元六年(前144)更名太常,即周之春官宗伯一职,掌宗庙礼仪。太常既为职官名,也为其机构之名称,称太常寺。太常机构庞杂,属吏掾史多达两千人。太常的主要属官有:太乐令、丞,掌祭祀礼乐;太祝令、丞,掌祝文及迎送神;太宰令、丞,掌宰牲及馔具;太史令、丞,掌天时星历;太卜令、丞,掌卜筮;太医令、丞,掌巫医。

宗法宗教时期,宗教神权一直为王权所掌握,虽然掌管宗教事务官吏的地位渐趋衰落,但国家对宗教的掌控一直没有放松。当民间宗教兴起以后,统治者更严厉打击非官方的宗教势力,最高神权不容侵犯。如汉代就曾禁止淫祠,禁毁非官方认可的宗教性祠庙。

东汉时佛教传入中原,汉明帝将西域僧侣摄摩腾等人安置于洛阳城东白马寺。"寺"本是古代官署之名,如太常寺、鸿胪寺之类,起初并非寺院之名,佛典称"汉明帝时摄摩腾自西域白马驮经来,初止

---

[1] 陈立民等:《中国历代职官辑要》,兰州:甘肃人民出版社,1990年,第12页。
[2] 李回:《三闾原系巫官 屈原应为巫史》,《辽宁教育学院学报(社会科学版)》,1987(04)。
[3] 戴望:《管子校正》卷3,《诸子集成》第5册,北京:中华书局,1954年,第39~40页。

鸿胪寺，遂取寺名，为创立白马寺。后名浮屠所居皆曰寺"。故汉代的白马寺还不是佛教的寺院，而是朝廷管理外来僧侣的特殊政府机构，因视西域佛教僧侣为外宾，故佛教诸事隶属于鸿胪寺所辖。

三国时曹魏仍置太常为九卿之一，职权与汉代无异，主掌宗庙祭祀等事。佛教初传中国，其中多为西域僧人，本土尚无出家僧侣。汉魏皆以鸿胪寺掌佛教之事。晋置太常，并置国子祭酒等官，并且已设有僧司并僧官。

南朝时僧官制度已经非常成熟，梁武帝时首次任命道官。南朝虽仍设太常，但已经尽失其职。

北魏官制草创，不取前朝，但对道教事务的管理已纳入世俗官制，"自北齐太庙令兼领崇虚局，主道士籍帐，于是明禋大礼遂得以黄冠错杂其间"[1]，此后道士参与国家祭祀的制度得以确立。

上古时代，宗教祭祀成为王政独享之特权。后世宗教从庙堂走入民间，延续敬天法祖的祭祀传统，王朝以神道设教为手段对待宗教与祭祀，对国家祭祀的管理依然归于王朝。隋唐置礼部，国家祭祀官演变为后世礼部之职，仍属王权范围之内，故此相关的宗教祭祀和管理也纳入礼部管辖。历代王朝多沿袭礼部掌管宗教的官制体系，是上古以春官为祭祀官的官制传统的延续。

---

[1] 〔北齐〕魏收：《魏书》卷114，北京：中华书局，1974年，第3040页。

2　天师道与祭酒道官制度

汉魏之际道教教团的形成

道教诞生于春秋战国时期,黄老道、方仙道等作为学术传统传承,并没有建立一套宗教组织制度。在社会动荡的汉魏之际,产生了几支有组织的道教教团,皆奉《太平经》为主要经典,较著名的有三张建立的正一盟威之道即天师道、张角建立的太平道等。

汉末张道陵入蜀学道,弟子上万,于是设二十四治以领道徒,建立了最初的道教道团。关于张道陵的历史资料不多,据《三国志·张鲁传》记载,张道陵系"沛国丰人","客蜀,学道鹄鸣山中。造作道书,以惑百姓,从受道者出五斗米为信,故世号米贼"[1]。张道陵在巴蜀传教和建立教团的时间当为汉顺帝时代(126～144),依据《太

---

[1] 〔晋〕陈寿:《三国志》卷8,北京:中华书局,1971年,第263页。

平经》,自立为"天师",教团自称为"天师道"[1]或"正一盟威之道"[2]。张道陵教团为解决资金和救济荒年,曾向信徒收取一定的信米。征收信米的行为,是为了维持庞大教团的日常所需,其所建立的公共"天仓"是为了救济饥民和义舍所需,是具有民间互助和原始共产主义性质的宗教乌托邦。

张道陵通过设治置官,以传播正一盟威之道和管理治下的道民。彼时处于草创时期的天师道,传教范围仅限巴蜀的狭小范围,所置治所也较为简朴,一般不过是"置以土台,戴以草屋"而已。张道陵死后,其子张衡嗣教,天师道的教团组织规模并没有太大的发展。当时巴郡的张修,也建立了一支称为"五斗米道"的教团。张修的五斗米道教团起初在巴郡传教,教团的规模也较小,后来领兵占领了汉中地区,在汉中发展道民,教团的势力大增。

在汉末的军阀混战中,张衡之子张鲁乘机击杀张修并吞并其教团,建立了政教合一的天师道教团。张鲁在吸收张修教团的基础上,建立了统一的道团组织制度,由此天师道教团发展进入了一个鼎盛阶段,仍以祭酒为道官,建立了政教合一的地方政权,治所多达44所,范围包括巴蜀和汉中的广大地区,成为独立于中央政府之外的独立宗教特区。

汉末的各种道教教团中,较有影响的还有中原地区张角所领导的太平道组织,同样奉《太平经》为经典,以道教名义传布"苍天已死,黄天当立"的政治谶言,发动了农民起义。太平道把道团组织划分为

---

[1] 汉熹平二年(173)的《张普题字碑》有"祭酒约施天师道法",又张道陵所奉的《太平经》中也有"愿得天师道传弟子,付有德之君能用者"。可知当时的三张教团已经自称"天师道"。

[2] 在四川大邑县鹤鸣后山天谷洞,曾发掘出一通古碑,上有镌刻"盟威之道""正一"及"张辅汉"等汉代隶书古朴文字,可与历代史籍所记载天师道自称"正一盟威之道"相印证。

"方",是一种军事色彩浓厚的宗教组织模式。张角分遣八个弟子各处传教,在很短的时间里,太平道的教团组织遍布八州,十年之内,徒众达到数十万之多,并按照军队方式编制为三十六方,各立渠帅为首领,渠帅是军职和道职合一的职官。

祭酒成为道官职位

祭酒本非官名,原为古代祭祀中酹酒祭神的长者和宴席上的尊者之称。《仪礼注疏》:"加于俎,坐捝手,遂祭酒,兴;席末坐,啐酒。"[1]后泛指年长者或位尊者。战国时荀子曾三次为稷下学宫的祭酒。清赵翼《陔余丛考》认为:"祭酒本非官名,古时凡同辈之长,皆曰祭酒。盖饮食聚会,必推长者先祭。胡广曰:古礼,宾客得主人馔,则老者一人举酒以祭,示有先也。"[2]明朱权编《天皇至道太清玉册》上卷"道门官制章"曰:"周成王时,以彤伯为祭酒,以主亲属。后宣王时大祀南郊,以仲山甫为祭酒,以主祀事。故后世以道士为祭酒之职,以主郊天祀事之礼,以统道教,此道士有祭酒之职自此始。"

汉代以后,祭酒成为官名,汉代儒学有六经祭酒、博士祭酒等职,为太常寺的属官。"祭酒"在博士中产生,成为掌管教育的学官,西晋改"博士祭酒"为"国子祭酒",为国子监的主管官员,此职历代多有沿用,至清末始废。东汉军事长官大司马之下也设有"祭酒"一职,为大司马之属官,汉魏时军中军师也有称"祭酒"的。两晋还曾在地方设有"祭酒"作为学政和文化的官员,东晋陶渊明曾出任"江州祭酒"

---

[1] 〔汉〕郑玄注,〔唐〕贾公彦疏:《仪礼注疏》卷8,李学勤主编:《十三经注疏》五,北京:北京大学出版社,1999年,第137页。

[2] 〔清〕赵翼:《陔余丛考》卷26,北京:商务印书馆,1957年,第438页。

一职。

对"祭酒"这一名称，在道经中如此解释："祭者，制也；酒者，和也。制其刚强，和其人我。"[1]对天师道使用"祭酒"为道官名，学术界有不同的认识。有学者认为道官祭酒源于俗官称谓，张道陵仿照俗官体系建立道官体系，借用了祭酒一职为官；也有学者认为道官祭酒与天师道的奉酒仪式有关，但天师道有禁酒之戒，故此说尚待商榷。

据法国学者史太安的考证，不管是作为乡村宴席的尊长，还是战国的学官祭酒以至汉代的国子祭酒、博士祭酒等，"祭酒"一职始终体现了浓厚的宗教道德特性，从而认为"祭酒是在共同体生活范围内施加其道德和宗教的影响的地方官吏、耆老和公正人物所组成的阶层"[2]。这个负责社会道德教化的阶层，被张道陵移植到天师道的组织体系中来。

天师道立祭酒为官，使其负有教化道民的职责，也是道民的尊长，也负责教区的祭祀等事。张道陵设治置官，以祭酒为诸治之官，领民化户，传播天师道法。据《张天师二十四治图》记载，道教创教之初，张道陵在蜀中学道，招收道徒弟子。"太上以汉安二年（143）正月七日中时下二十四治，上八治、中八治、下八治，应二十四气，合二十八宿，付天师张道陵奉行布化。"[3]此处所言的"治"便是早期天师道的教区，诸治的各级神职和管理人员，便是早期道教的道官。如此，天师道建

---

[1] 〔唐〕史崇玄等：《一切道经音义妙门由起》，《道藏》第24册，北京：文物出版社、上海：上海书店、天津：天津古籍出版社，1998年，第729页。

[2] [法]R A 史太安撰，朱越利译：《公元2世纪政治的宗教的道教运动》，任继愈主编：《国际汉学》第8辑，郑州：大象出版社，2003年，第414页。

[3] 〔明〕张正常：《汉天师世家》卷1，《道藏》第34册，北京：文物出版社、上海：上海书店、天津：天津古籍出版社，1998年，第815页。

立起以祭酒为基础的道官体系，以天师统领二十四治的道官管理体制，以治理和教化治下的道民百姓。

巴郡汉中的张修也传播五斗米道，组织已经非常完备，其道团官职也有道官祭酒等。尊奉《老子五千文》的天师道系统，张修可能是另一支在巴郡传播的天师道派，也可能是张道陵的一个重要弟子，先在巴郡传天师道，张道陵死后，张修不听嗣师张鲁的号令，自号为师，独立传教。

张鲁借机袭杀张修，夺其道徒，并对张修之法加以增饰。天师道历经"天师、嗣师、系师"三世经营，势力很快扩展到巴蜀汉中的广大地区，已经具备了相当庞大的组织规模，建立了较为系统的管理体系，道官设置从基层教区到中央教区依次为祭酒、治头大祭酒、阳平治都功，其中依然以祭酒为基层的主要道官。

天师道的祭酒道官，因司职不同而有各种名号。虽然治中的大小道官统称祭酒，但有中外之分，领民者为领气祭酒，有自己的治所和道民，不领民者为散气祭酒，亦无治所。在领民的祭酒中，道民多者可称为治头大祭酒。而一治之内除治头大祭酒外，并有宣威祭酒、典司祭酒、察气祭酒等职，以辅助治头大祭酒的工作。

除了各种祭酒道官以外，在天师道的教团中，还有很多具体负责各种事务的其他神职，构成了一个庞大的祭酒道官体系。据《三洞珠囊》引《玄都职治律》称，天师道团在男女道官中选举精良，在中央道署设立二十四职品：监天职、督治职、贡气职、大都攻职、领功职、都功职、领神职、监神职、领署职、察气职、上气职、都气职、威仪职、领气职、领决职、四气职、行神职、道气职、圣气职、承气职、典气职、廉平职、行教职、建义职等。[1]二十四职各有所领，具体负责教团道官的选举、监察、传教、医疗、经济等事务。

天师道于人间设二十四治，置二十四职，以应天上二十四气，反映了天师道教义中的阴阳四气、天地人三才等宗教观念。据《受箓次第法信仪》所载，其二十四气与二十四治祭酒具有一一对应的关系。[2]而且，天师道的受箓弟子及祭酒道官，更被赋予招请神将，役使天上功曹、冥界鬼兵等神权。[3]祭酒道官制度建立了一个庞大的天、地、人的官僚网络，这个官僚系统既独立于世俗官僚，又借鉴了世俗官僚的组织模式和信仰结构，正如杨庆堃教授所说，各种宗教组织所建立的"超自然的信仰结构，基本上仿效了世俗政府的形式"[4]。祭酒道官制度就是最显著的一个例子。

天师道教团中还有"都讲祭酒"一职。《资治通鉴》载，建安十九年（214）九月，马超兵败投奔张鲁时，张鲁曾以马超为都讲祭酒，注云："都讲祭酒者，鲁使学者都习《老子五千文》，置都讲祭酒，位次师君。"[5]张鲁自号"师君"，便是天师之尊号，实职为阳平治都功，这一职位为张道陵子孙所世袭，是天师道教团的最高首领。马超所担任的都讲祭酒位在师君之次，在教团中具有很高的地位。不过这一职务，并非天师道教团的常制，可能是张鲁对投奔将军马超的特别加授。

---

[1] 《三洞珠囊》卷7，《道藏》第25册，北京：文物出版社、上海：上海书店、天津：天津古籍出版社，1998年，第335~336页。

[2] 《受箓次第法信仪》，《道藏》第32册，北京：文物出版社、上海：上海书店、天津：天津古籍出版社，1998年，第216页。

[3] 《太上三五正一盟威箓》卷1，《道藏》第28册，北京：文物出版社、上海：上海书店、天津：天津古籍出版社，1998年，第426页。

[4] [美]杨庆堃著，范丽珠等译：《中国社会中的宗教》，上海：上海人民出版社，2007年，第173页。

[5] 〔宋〕司马光：《资治通鉴》卷66，北京：中华书局，1956年，第2123页。

割据时期天师道的祭酒制度

天师道的祭酒制度本是一种道团组织制度和教阶制度，祭酒道官并非政府官制体制的内容。由于汉魏之际，各道团与农民起义有着密切联系，天师道在一定程度上也受到政府的猜疑，还未完全取得政府认可，因而祭酒道官制度仅仅是天师教团的内部组织管理制度。但是在张鲁政权时期，世俗政权与道教组织合一，祭酒制度也自然成为地方政府制度的一部分，从而天师道的祭酒道官也具有了某种世俗的官僚色彩。

（1）祭酒道官的选任、监察

《要修科仪戒律钞》曰：张道陵"署男女祭酒道官二千四百人，各领户化民，阴官称为箓治，阳官号为宰守"[1]。当时任命的祭酒道官分为两类，分别管理割据政权的宗教事务与世俗事务。张道陵初立治二十四，平均每个治所应有祭酒道官多达百人，至张鲁之时，天师道的范围扩展到汉中地区，治所增加到44所，所任命的道官祭酒的数量更为庞大。如此众多的祭酒是如何产生的呢？

据《三洞珠囊》引《玄都职治律》称："领署职，主选署二十四职，名籍功赏，诸职文书，次第校投命籍。"又有"都功职，主功劳，录吏"。[2] 可知中央道署有专门选举祭酒道官的官职"领署职"，作为道团最高首领的"都功"也负有选举道官之责。具体来说，天师治和上三治均

---

[1] 〔唐〕朱法满：《要修科仪戒律钞》卷10，《道藏》第6册，北京：文物出版社、上海：上海书店、天津：天津古籍出版社，1998年，第967页。

[2] 《三洞珠囊》卷7，《道藏》第25册，北京：文物出版社、上海：上海书店、天津：天津古籍出版社，1998年，第335页。

有不同权限的署治范围,除四正游治、三正游治可由上三治署置,其他各治的署置权力,均归于天师治(在阳平治内),即由道团最高首领天师所掌管。

除了教团选举之外,祭酒道官一般实行家族继承制,这与道团最高首领天师的传承方式如出一辙,此种神权一般掌握在少数上层道徒之手。这种"父亡子继,兄没弟绍"的道官家族继承模式,与士族社会的门第观念密切相关。按照此种相对封闭的选授模式,天师道团中形成了一个祭酒道官集团,在道团中居于统治地位。这个由地方官吏、乡绅、士族所组成的道德阶层,成为宗教王国里的宗教祭司和事务管理者。作为一个相对封闭的利益集团,这个阶层的稳定结构不允许受到破坏,并以宗教戒律的形式固定下来,成为天师道组织必须遵守的准则。如果违反这个选授准则,将受到戒律非常严厉的惩罚。所有的祭酒道官治职名号,要求符合所受的符箓,合乎宗教上的配气观念。实际上,即便如此严厉的制度,当时祭酒道官私自拜署的现象已经初现端倪。

中央道署的天师治设有专门的官职来对祭酒道官定期考核,作为祭酒道官升迁或者贬退的依据。"领神职,主选择贤良,贬退伪善,对会诸气,诸有犯违,尽主之也",负责选贤贬伪,以保证祭酒道官能够尽其职责;"监神职,主考素所犯状,结文书,开视利害,缚束谬误,化谕戒敕",主要是对违犯戒律的道官进行劝导教育,使其能够规正。此外还有"典气职,主典诸职高下次第""廉平职,主监察廉邪,均平饮食"[1],主管道官的品评、监察道官的廉政等。

---

[1]《三洞珠囊》卷7,《道藏》第25册,北京:文物出版社、上海:上海书店、天津:天津古籍出版社,1998年,第335页。

(2)祭酒道官的职责

首先,天师教团所设的诸治领民祭酒等要"各领部众",担负管理治下民众的行政职责。在天师道宗教王国里"不设长吏",故此"立治置职,犹阳官郡县城府,治理民物。奉道者皆编户著籍,各有所属"。[1] 领民的祭酒实际上代替了世俗政权中宰守的职责,管理治下的道民户口,编入箓籍之中。天师道治下,奉道之民皆有编户,每三年一造籍簿,有效地管理治下的民众租税。

其次,祭酒作为道师,还要承担治下道民的训导职责,"皆教以诚信,不欺诈",将社会的普遍道德赋予宗教神学,并以此作为宗教独立王国的行为规范。如规定道民"有病自首其过""犯法者三原,然后乃行刑""有过者,当治道百步,则罪除",都是以道教的教义思想指导民众的诚信行为。

作为具有宗教原始共产主义萌芽性质的天师道教团,还令"诸祭酒节皆作义舍,如今之亭传。又置义米肉,悬于义舍,行路者量腹取足"[2]。早期天师道张道陵教团曾经要求入道者交纳五斗米为信,张修教团也要求病愈者出五斗米,应该就是为了筹建此种"义舍"。祭酒作义舍有招徕流民加入教团的目的,也是体现天师道的太平理想的具体措施。祭酒领户治民,"春夏禁杀",又"禁酒",故此张鲁的天师道教团,在诸侯混战、民生凋敝的汉末时代中,能够营建一个安定和谐、民风淳朴的世外桃源,从而使得"民夷便乐之,雄居巴汉,垂三十年"。

再次,祭酒作为治中的神职人员,还负责传授讲解经书、上章告祭、

---

[1] 〔南朝宋〕陆修静:《陆先生道门科略》,《道藏》第24册,北京:文物出版社、上海:上海书店、天津:天津古籍出版社,1998年,第780页。

[2] 〔晋〕陈寿:《三国志》卷8,北京:中华书局,1971年,第263页。

举办厨会等，如张修道团的祭酒主要为道民讲解《老子五千文》。祭酒是天师所任命的天官神职，并以天师道的经书相传授。据《隶续》载：

> 熹平二年（173）三月一日，天表鬼兵，胡九□□，仙历道成，玄施延命，道正一气，布于伯气，定召祭酒张普、萌生赵广、王盛、黄长、杨奉等，谕受微经十二卷，祭酒约施天师道法无极耳。[1]

此处祭酒张普受萌生之请，向他们授予天师道经典。当遇到道民、箓生等有忏悔、表功、谢恩等仪式，还需要祭酒代为上章招神，上告天师。在每月的厨会之日，道民集会治所，这样重要的集体宗教生活也是由祭酒主持的。天师道在汉魏瘟疫流行之际，以符水治病招徕信徒，故为人驱鬼治病也是当时祭酒的重要任务。天师道的治病方式是先让病人思过，然后"三官手书"请神劾鬼，又有鬼吏（祭酒所领天将鬼兵）等为病人祈祷等。

北迁后祭酒道官制度的破坏

（1）职治严重混乱

215 年，张鲁降曹后，被封为镇南大将军，举家被曹操迁往邺城居住。曹操占领汉中以后，委派官吏管理其地，将大量的天师道徒迁往北方，天师道政教合一的政权随之瓦解。由于远离蜀土，中央道署失去了天师统领，北迁的道官祭酒们各自传教，已经渐渐不按阳平、

---

[1] 〔宋〕洪适：《隶释 隶续》卷3，北京：中华书局，1985年，第8页。

鹿堂、鹤鸣三治的旧道法行事。《阳平治》中发出了这样的感叹：

> 诸祭酒主者中，颇有旧人以不？从建安（196～219）、黄初元年（220）以来，诸主者祭酒，人人称教，各作一治，不复按旧道法。[1]

可知北迁后的祭酒，已没有多少人还能遵守蜀土旧法。如果说张鲁在世之时，对各治祭酒还能够起到一定程度的号令作用，在形式上还保持天师道团的组织模式，那么在张鲁辞世以后，这种职治混乱的情况已经十分严重了。阳平三治失去了中央道治的权威地位，各治不由中央统一署治，致使各地天师治出现"一治重官或治职空缺"的混乱局面。由于职治混乱，教务荒废，联系道民与祭酒的箓籍制度也逐渐流于形式，以往三年一籍的惯例也不再严格执行，以至于各治箓籍中出现了"八十童男，期颐处女"的怪现象。

以往各治道官皆由阳平治授治置官，如今身处北朝的祭酒们远离巴蜀汉中，自由传教。虽然在一定意义上促进了天师道在北方的传播，但是也造成了天师道组织的混乱。原先没有领民资格的散气祭酒等，也自立治所，不再由选举任命。不仅祭酒不由阳平治拜职，就是天师之名也多有冒用。北魏寇谦之自称"天师"，巴蜀陈瑞自称"天师"，这些原先的祭酒道官，自成新的道团组织，打破了天师职位只能由张道陵子孙担任的继承传统。

---

[1]〔唐〕张万福：《正一法文天师教戒科经》，《道藏》第28册，北京：文物出版社、上海：上海书店、天津：天津古籍出版社，1998年，第238页。

(2)教团科律废弛

祭酒道官各领职治,扩大了天师道的传教范围,但也带来了很大的弊病。各个祭酒所领教团独自传教,祭酒不再按照原有的科律仪式行事,由于缺乏中央教区的监管,导致科律渐趋废弛。

祭酒在授职符箓上,不加拣选,致使伪滥之民大量入道,又不能遵守科约,道团的素质大为下降;祭酒在上章奏书等事上,格式不符,仪式欠妥,奏章不能上达。天师道科律本有严格的规定,但"世间有承先父祖事道,自作一法",渐渐舍弃了天师道的科律。《大道家令戒》还借老君之口,严厉地谴责了当时祭酒不合仪轨、违背科律的混乱局面。此时的祭酒道官,多数已经不是由阳平治所拜署置治的,原先由吾气、真气、领神选举祭酒的制度被破坏了,各治职位自相署置。许多祭酒道官又不能遵守蜀土旧仪,致使科律废弛的现象非常严重。

(3)道官失职腐化

《老君音诵诫经》称:"祭酒之官,父死子继,使道益荒没。"[1]"父死子继"的道官继承制度,本来就是蜀土天师道的选授传统。但寇谦之颁令新法,要与旧制度决裂,否认此种祭酒选授和晋升制度来自老君说教,故此加以痛斥。实际上,道官为了维持既得利益,也不愿推举贤能继任,致使许多不肖之人继承道职,也导致祭酒道官的素质良莠不齐。

有些祭酒道官贪求富贵,专注于个人家庭,教团事务日渐荒废,甚至贪欲财货,不以道门之事为务,已经难为人师。《老君音诵诫经》

---

[1] 〔北魏〕寇谦之:《老君音诵诫经》,《道藏》第18册,北京:文物出版社、上海:上海书店、天津:天津古籍出版社,1998年,第211页。

也称:许多祭酒道官"惑乱百姓,授人职契箓,取人金银财帛"[1]。由于不按科律行事,祭酒道官任意而为,又向道民收取租税米钱等,谋求私人利益,完全丧失了道官祭酒应有的道师职责。

由于职治混乱、科律废弛、道官腐化等现象大量存在,祭酒道官之弊政已经引起了道民的普遍不满,祭酒制度名存实亡。针对天师道在组织管理上的弊病,一些道门的有识之士如陆修静和寇谦之等,试图整肃道教祭酒制度的流弊,为南北朝新道教的发展奠定了基础。

寇谦之在北魏道武帝的支持下推行天师道改革,自称新天师,假托老君降授的《音颂诫经》,废除三张旧法和"父死子继"的道官选授制度,颁行"老君新出道法",适应了北朝统治者的需要,促进了北朝道教官方化的发展;针对南朝道官戒律废弛的状况,陆修静制定了《道门科略》,完善道教科仪制度等,要求祭酒道官按照旧法管理道团,但对旧有道官制度的某些方面提出了革新的要求,要求废除"父死子继"的道官选授制度和加强对道官素质的考察。

南北朝祭酒道官制度的改革

南朝的陆修静和北朝的寇谦之针对当时祭酒制度的诸多流弊,对道官制度提出了改革的要求,但他们的改革思路具有各自不同的特点。北朝寇谦之的道官制度改革,全然打破旧有的道官制度体系,包括道官选授、仪式、厨会、信米、名籍等,尤其反对"父死子继"的道官选授制度,其自任"天师",便是对此种道官继承制度的革命,是要摧毁旧的权威,以老君降授的方式,依赖于世俗政权的力量,重新建

---

[1] 〔北魏〕寇谦之:《老君音诵诫经》,《道藏》第18册,北京:文物出版社、上海:上海书店、天津:天津古籍出版社,1998年,第211页。

立道团新的宗教权威。

南朝陆修静的道官制度改革,基本上是要求回归早期割据时代的制度传统,要求祭酒道官能够遵守旧法、提高素质、完善科仪,是一种改良性质的制度改革运动。针对祭酒道官"父死子继"的流弊,陆修静也提出了新的选授标准,不仅重视道官的修行次第,更重视道官本人的道德贤良与否。新法对祭酒的选任有着非常严格的程序和规定,从一名普通道民升为祭酒需要经历多年的磨炼和许多道程序的筛选。

担任祭酒必须受箓达到一定的层次,或者说领受一定级别的箓。天师道的道民自8岁开始便受一将军箓,称为"箓生",随着修行层次的提高,此后不断领受更高级别的箓,一直到"一百五十将军箓"。受箓子弟皆称男官女官,但未必拥有职位。《正一法文太上外箓仪》:"谓已受某官箓,在治效勤若干年,得为书吏。"箓生在治中效劳多年才可能取得书吏的小职位,然后可升为不领民的散气祭酒。

成为一名普通的祭酒,并不意味着可以领民置治,需要经过不断努力才能得到升迁的机会。比如散气祭酒就没有领民的资格,只有当行道功德积累到一定的阶段,才可能授予署治。散气祭酒具有传播天师道法的职责,辅助领治祭酒的工作,在治中担任一定的职位,如能化得一定数量(最少为27人)的道民,就可以单独置治领民了。祭酒领户达到一定的数量,还可以置一定数量的书吏来辅助工作。按照治中民众数量的多少来确定书吏的人数,这些书吏负责治中的文书、账簿、箓籍、租米等事务,围绕祭酒道官形成了一个具有宗教色彩的基层政权组织。

按照严格的升迁程序,祭酒可以按照修炼层次的提升和工作经历的增加,从普通祭酒升到治头大祭酒,从外治、游治、配治等祭酒升到上八治大祭酒,再升到上三治的高级祭酒等职,如果仕途顺利的话,不断升迁,可以一直升到阳平治都功之职。

但是实际上,即使能够实行选贤与能,普通道民升为祭酒的机会也并不会很多,即便是被提升为一名小治的祭酒,升迁的机会也较为渺茫。首先,早期教团的领袖皆是当时的贵族或士人,他们并不以宗教为生存的手段,作为职业神职的祭酒也必须拥有一定的财力,因此那些较有文化或者富有的道民成为祭酒的机会可能性比一般道民要大,因为他们在世俗生活中就具有一定的威信,又能够较快地掌握道教的经典以教人。张修的五斗米道团,其祭酒道官要求能讲诵《老子五千文》,故出身贵族的有文化的道民被授予祭酒职位的机会很大。

3 小结

道官制度的产生有着深厚的文化传统,借鉴了上古宗教官吏和祭祀制度。汉魏时期张鲁实行的祭酒道官制度是一种政教合一性质的道团管理模式。在这个宗教独立王国里,天师道具有"国家宗教"的地位,适应了统一政权下的道团管理特点,通过制定厨会制度、宅录制度、命信制度等,实现道官祭酒与道民之间的统属关系。天师道的祭酒道官制度是建立在宗教政权的基础之上的,当这种政权基础失去以后,这种较为脆弱的制度也在实质上宣告终结。

陆修静"试图通过整顿天师道的组织制度来纠正旧祭酒制度的弊端,以期最大限度地挽救道官统民制度的衰落"[1],希望能够恢复天师道的"蜀土旧法"传统,实际上只能是一厢情愿的良好愿望罢了;而寇谦之的祭酒制度改革,更倾向于对原有祭酒制度的废除更新,代之以"老君新法",这种新的制度承认政府对教团的管理权威,适应了集权统治的政治环境,故此能够得到顺利推行。

---

[1] 孙以楷:《道家与中国哲学(魏晋南北朝卷)》,北京:人民出版社,2004年,第211页。

作为特定历史政治环境下的祭酒制度，已经不能适应南北朝的时代发展需要，建立在割据政权之上的祭酒制度也必然走向衰亡，而被一种新的道教管理模式取代。东晋南北朝时期，"道教组织形式上的重大变化，主要表现为祭酒统民制度的衰落和道官制度的兴起"[1]。南北朝的新道教，逐渐形成了道士住观的道馆模式，随着道馆制度的建立和道馆经济的发展，道教试图建立教团自治的努力终归失败，道团对王权的依赖程度大为强化，分散的道团组织不能形成强有力的宗教力量，道教组织逐渐被纳入了政府宗教管理的范畴，建立了政府主导的新型道官制度。

---

[1] 任继愈主编：《中国道教史》，上海：上海人民出版社，1990年，第172页。

二 南北朝道官制度

南北朝天师道经寇谦之、陆修静的改革而有了新的发展,在皇室和贵族中拥有了信徒和影响力,此外又有上清、灵宝、茅山诸派并出。出家制度和道馆制度开始形成,作为宫观之首的馆主、坛主等,多是官府任命的基层道官。"北朝尚统,南朝尚正",南北朝的道官制度体现了两种截然不同的传统和观念。

1 南朝道官制度

南朝官方支持道教

  南朝继承魏晋时期的道教政策，对道教既利用又控制。南朝佛教兴盛，虽然道教也有较大的发展，但佛教在政权中的影响力远在道教之上。南朝天师道也与北迁的天师道一样，出现科律废弛、职治混乱的现象。南朝上层士族奉道，也对天师道提出了改革的要求。刘宋时著名道士陆修静着手整顿和改革天师道，南朝道教的面貌为之一新。

  刘宋时期的文帝、明帝皆尊信道教，优宠道士，以陆修静为甚。宋齐之时，不仅许多帝王宠信道教，士大夫也多有奉道者。南齐高帝、武帝崇信佛教的同时，也为道士修建了不少道馆，以齐高帝萧道成于剡县为褚伯玉所立的太平馆、于茅山为薛彪之所建的金陵馆、为蒋负蒭所立的宗阳馆等最为著名。齐明帝萧鸾一反高帝、武帝的崇佛政策，转而奉道。齐明帝对茅山著名道士陶弘景礼遇有加，陶弘景为陆修静再传弟子，曾入仕南齐，后挂服辞官，隐居茅山修道，"侯王公卿从先生受业者数百人"。

南齐时期文化繁荣，在儒、道、文史等方面成就非凡，为支持文化教育事业，齐明帝立总明观，分儒、道、文、史四部，设总明观祭酒掌治五礼。总明观是一个综合性的学术机构，以儒学为核心，道教为其中的重要一科，可见南齐时期非常重视道学研究，在一定程度上促进了道教事业的发展。

梁朝虽主要奉行崇佛政策，但对道教也是较为扶持的。梁武帝有很深的道教信仰背景，本人也爱好道教文学，并留下不少游仙诗作。梁武帝与道士交往密切，非常优宠道士陶弘景，弃道奉佛后，对陶弘景依然十分尊崇，常常问书不绝，厚赐药物以供服饵，并赐许多黄金、丹砂等以合飞丹。"国家每有吉凶征讨大事，无不前以咨询，每月常有数信，时人呼为山中宰相。"[1]

梁时道馆林立、数量众多，天监二年（503），梁武帝置大小道正，以道士孟景翼为国大正，统领全国道教，这是南朝首次敕命的官方道官。天监三年（504），梁武帝弃道奉佛，宣布"惟佛一道是正道"。天监十六年（517），梁武帝敕废境内道教，道士皆令还俗。梁普通年间（520～527），还常有道士活动于宫中，可知武帝废道后道教并没有完全禁绝。武帝之后的简文帝、梁元帝等也对道教抱有好感，"朝士受道者众"。

陈朝年代较短，基本上继承了梁朝的道教政策。陈武帝世居吴兴，也是信奉道教出身。陈武帝扶持道教，曾于义仙馆讲道，也曾为道士建馆。《上清道类事相》载："徐师子，字德威，东梅人也，出家蔬食，陈武帝立宗虚大馆，引师子为其馆主也。"[2]可见陈武帝对道士极为

---

[1] 〔唐〕李延寿：《南史》卷76，北京：中华书局，1975年，第1898~1899页。
[2] 〔唐〕王悬河：《上清道类事相》卷1，《道藏》第24册，北京：文物出版社、上海：上海书店、天津：天津古籍出版社，1998年，第878页。

器重。陈宣帝也喜好道学，《云笈七签》称"帝好道术"，曾召道士王远知入重阳殿讲论道学等。

梁武帝置大小道正

早在汉魏时代，曹操曾命孟节领诸方士道士。《汉武帝外传》载："孟节为人质谨，不妄言，魏武帝为立茅舍，使令诸方士。"[1]这大概是官方首次任命道士统领道教，但孟节作为名义上的方士领袖，并没有被授予一定的官职，方士的道团组织尚没有建立，还不能看作道官。梁武帝时始设道正一职，南朝首次出现全国性的官任道官。

道正一职初置始于南朝梁武帝时，《太平御览》引《道学传》载："梁武帝天监二年（503）置大小道正，平昌孟景翼，字道辅，时为大正，屡为国讲说。"[2]《三洞珠囊》《三洞群仙录》也记载了这件事。梁武帝在京城设置的大道正，总领全国的道教事务，各州郡设小道正，掌管各州道门事务，初步建立了从中央到地方的道官体系。梁武帝以道门领袖为道正，可能借鉴了当时僧官制度中的僧正。

早在姚秦时期，姚兴曾设中央僧署，其中有僧官僧正一职，或称僧主，负责僧尼的教化和戒律检束。《高僧传》记载："有沙门法达，为伪国僧正。"[3]南朝之时，佛教已经建立了从中央到地方的僧官体系，中央、地方皆以僧正为首官。赞宁《大宋僧史略》释"正"曰："正，

---

[1]《汉武帝外传》，《道藏》第5册，北京：文物出版社、上海：上海书店、天津：天津古籍出版社，1998年，第63页。

[2] 陈国符：《道藏源流考》下册，北京：中华书局，1963年，第469页。

[3] 〔梁〕释慧皎：《高僧传》卷11，北京：中华书局，1992年，第413页。

政也，自正正人，克敷政令，故云也。"[1] 反映了僧正作为官府任命的僧官，是要以高僧大德为典范，引领僧尼遵守政府法令，规范僧尼的世俗行为。梁武帝所设道官道正，也表明了政府匡扶道教、规范道士戒行的道教管理观念。僧正、道正等官，既有宗教领袖的神学权威，又有王权政府赋予的世俗权威。

孟景翼所担任的大道正，又称大正，职位前冠以"大"字样，以示其责之重。孟是齐梁时期的著名道士，也是当时佛道辩论中的重要人物之一，于道教教理深有研究，人称"大孟"。

地方州郡的道官称为小道正，比如吴郡的道士张绎就曾担任过地方小道正一职，据《九锡真人三茅君碑文》记载，梁普通三年（522）立碑之时，张绎正担任吴郡的"道正"一职。张绎也是梁武帝比较宠信的道士，曾参加过当时佛道论辩，并曾经担任过崇虚馆的馆主等职。

南朝道正之官的选授标准更重才德，梁武帝所推举的道官孟景翼、张绎等人，均是当时道门中的杰出人物，修行良好，堪为道门典范，是对道教教理深有研究的学术型人才，而且也具有从事宫观管理的经验。不过南朝的道正作为道官，其执掌的具体事务有哪些，没有更多的资料可以看到。不过从职位的名称来看，官方期望以道官作为道门的模范，以达到道团自正自治的效果。

南朝的道官为道教的发展做出了重要贡献，作为道门领袖的道官能够积极传播道教，从事道教文化研究，促进道教事业的发展，也为道教的顺利发展铺平了道路。

---

[1]〔宋〕赞宁：《大宋僧史略》卷2，《大正新修大藏经》第54册，台北：新文丰出版社，1973年，第242页。

官任馆主等基层道官

道馆之源可追溯至古代神仙方士、隐士的修道居所，秦汉时期早有方仙道士出入于宫阙之中，隐士则隐遁山林，居于茅舍洞穴。东晋隐士张忠"其居崇岩幽谷，凿地为窟室，弟子亦以窟居"[1]。道教认为道士本逍遥寰宇之内，并不拘泥于宫室之囿，但追溯黄帝问道之崆峒、周穆王时尹喜结草楼、汉武帝设竹宫桂馆等，已是后世道馆之源。

南朝道馆兴起，《道学传》载："陆修静……朝廷欲要之以荣，先生渺然不顾。宋帝乃于北郊筑崇虚馆以礼之，盛兴造构，广延胜侣。"在此之前，陆修静曾于刘宋大明五年（461）在庐山建馆，元徽五年（477），诏改陆修静庐山旧居为简寂观。南齐梁陈时代，在帝王和王公贵族的支持下，南朝开始大规模建设道馆，据《上清道类事相》的记载，南朝著名的官建道馆有30多座。此外其他各地如衡山、庐山、天台山等道教名山，民间所建道馆的数量也非常多。

随着道馆制度的建立和道馆经济的发展，庞大的道馆庄园事务需要专门的管理，此时道馆普遍以馆主为首，处理道馆的宗教和世俗事务。同时为加强政权对道馆的管辖，政府开始建立起以馆主为核心的基层道官制度。南朝出家修道者众多，道馆林立，有不少是帝王支持兴建的官方道馆，这些道馆被当作官方和社会的产业，馆主、上座等职位也由帝王任命，代表政府管理宫观事务。据《上清道类事相》记载，南朝的帝王在一些官建的道馆任命馆主、上座等基层的道官，此外私立道馆的馆主除推举、聘任之外，还有师徒世袭之制，或由师父委派门下弟子担任。为了加强政府对道教的管控，许多私立道馆后来也逐

---

[1] 〔唐〕房玄龄等：《晋书》卷94，北京：中华书局，1974年，第2451页。

渐被收编为官立的道馆,并由政府重新任命馆主,馆主作为官任道官的身份得到强化。

虽然这些被任命的馆主、上座等官员并未列入政府的官制体系,但经由帝王和官府的敕命,已具有官任道官的性质。随着南朝道馆经济的不断壮大,道馆已成为具有一定经济实力和社会影响的实体组织,馆主、上座等作为官任道官和宫观的主要管理者,已经不能适应日渐发展壮大的道馆组织,为了管理日益发达的道馆经济和主持日渐繁重的道教事务,新的道官职位急需得到补充。道馆斋醮仪式中的监斋,本来仅为负责斋醮仪式的执事之一,地位较低,在道官数量存在大量需求之时,作为执事的监斋成为管理道馆的重要职位。监斋的职权逐渐上升,仅次于馆主、上座的地位,到唐代时已成为宫观三纲之一,已经是正式的基层道官了。

南朝的文化氛围较为浓厚,道教政策也比较自由开放,道官能够参与上流名士的玄谈,受到帝王和社会的普遍尊重,享有很高的政治经济待遇。刘宋时,宋明帝为陆修静建崇虚馆,并执以师礼。继任崇虚馆馆主的董率法,宋明帝封其为国师[1],可见明帝对道士的敬重非同一般。道士陶弘景深受梁武帝的敬重,国家每有吉凶大事,便致书征询,被人们称为"山中宰相"。除了政治经济上的高级待遇以外,更重要的是道官还享有很高的名誉待遇,许多道官被帝王赐以代表名誉声望的"谥号"或"师号",如"先生""真人"等。如陆修静去世后,赐谥号为"简寂先生",陶弘景去世后,谥为"贞白先生"等。

---

[1] 〔唐〕王悬河:《上清道类事相》卷1,《道藏》第24册,北京:文物出版社、上海:上海书店、天津:天津古籍出版社,1998年,第878页。

2 北朝道官制度

北魏置仙人博士，为北朝国家设立道官之滥觞。北朝不仅萌芽了早期的道官，还建立了主管道教事务的道署。北魏一度设崇玄署为主管僧道的署衙，北齐更名为崇虚局，主管道门事务，后演变为隋唐之崇玄署，成为经由唐代国家典制所确立的主管道教管理的中央官署。

北魏置仙人博士

魏晋以降，天师道渐入上层社会，贵族家族多世代奉道，道教在下层民众之中没有广泛流传，加之教团涣散、科律废弛，没有形成规模化的组织体系，更由于祭酒制度的弊端，道教在各方面的势力难与佛教相抗衡。

北魏时期，嵩岳道士寇谦之大胆改革天师道，"清整道教，除去三张伪法，租米钱税，及男女合气之术"[1]，道教教团为之整顿一新，

---

[1] 〔北齐〕魏收：《魏书》卷114，北京：中华书局，1974年，第3051页。

道教已经成为成熟宗教。道教从民间秘密教门进入上流社会，从巫鬼信仰的低级形态走向神仙道教的高级形态，不管在民间还是在士族社会都产生了一定的影响力。随着道教的广泛传播和道教教团的不断壮大，政府意识到对道教教团及信徒之管理渐成必要之事。经过初期的尝试探索，政府对道教的管理体系逐渐形成。

由于道武帝、太武帝、献文帝等喜好黄老之学和长生之术，大力支持道教的发展，道教进入了一个新的发展时期，而由官府任命的道官，也始设于此时。天兴中，仪曹郎董谧献《服食仙经》等道书，引起了道武帝对神仙道教的极大兴趣，天兴三年（400）十月，太祖下诏"置仙人博士官，典煮炼百药"[1]。仙人博士主要负责为帝王研究道书、炼制丹药、辟谷求仙等事，道武帝并令宫中的太医等供仙人博士役使采药。

"博士"一词本指博古通今的饱学之士，战国时以"博士"为学官名，秦代在诸子、诗赋、术数、方技等领域都有博士之官。汉文帝时置一经博士，武帝时再置五经博士。晋始置国子博士，唐有太学博士、太常博士、太医博士、律学博士、书学博士、算学博士等，皆为各科学官之称，主要负责各学科的教授、课试，或奉使、议政等学术之事。北魏因道武帝对神仙道教的热情而置仙人博士，也是延续此前的学官体制传统，由此可以看出北魏道武帝把道教仙学作为一个重要的学术研究领域。

仙人博士作为学官已经确定无疑，道士张曜作为第一任仙人博士，太祖曾为其造静室于苑中，并给资用及扫洒民人二家等。寇谦之初入北魏，道武帝令仙人博士官张曜接待，安排寇谦之居于其所。由此看来，

---

[1] 〔北齐〕魏收：《魏书》卷113，北京：中华书局，1974年，第2973页。

仙人博士的职责不仅是炼丹采药，实际上也具体负责道教事务的工作。故此，作为"学官"的仙人博士也可以看作北朝第一位敕命的中央"道官"，而仙人博士所居之"仙坊"，就是早期官方道署的雏形。后来由于太医不堪仙人博士张曜的驱使，在皇帝面前状告张曜谋反，张曜只好求告隐退。如此，北朝第一位道官的仕途就如此断送了。

北齐设昭玄寺和崇虚局

北齐佛教发达，佛教僧官制度已经建立了昭玄寺系统，设立僧统等职位，但道教衰弱，并未建立独立的道官制度，曾以昭玄寺掌释道二教，虽然未详细说明其在道教上的具体职责，但从昭玄寺所拥有的巨大权力上来看，昭玄寺对道教的管理也当如此。此外，北齐中央机构中设置有专门执掌道士帐籍的崇虚局。《历代职官表》："自北齐太庙令兼领崇虚局，主道士籍帐。"[1] 又云："太常寺属有崇虚局丞，掌诸道士簿帐。"[2] 崇虚局的职责较为明确，仅掌管京城诸州道士的帐簿；又鸿胪寺有典寺署，设僧祇部丞一人，也是掌全国的寺庙名额和僧尼帐籍之事。但此两署的职位均为俗官担任，主要分管僧尼道士的帐籍事务之类的琐碎之事，许多重要的佛道事务如建寺观、度僧道等，均交由昭玄寺负责。

从以上资料我们可以得知：首先，北齐是以昭玄寺为僧署，昭玄寺设官均为僧人，在文宣帝之后也监管道门之事；其次，太常寺有崇虚局，与鸿胪寺的僧祇部分别是执掌道士和僧人簿帐的机构，从这两署设官称丞的官制传统来看，应为俗人担任的职位；再次，崇虚局以

---

[1] 〔清〕纪昀等：《历代职官表》卷28，上海：上海古籍出版社，1989年，第536页。
[2] 〔清〕纪昀等：《历代职官表》卷9，上海：上海古籍出版社，1989年，第183页。

太庙令监领，道门之事被视为同国家祭祀有关的政治事务。

北齐在政府中设置多重机构管理释道，可见政权对宗教管理意识的强化，而僧道的具体事务，又分属各个不同的管理机构负责，也可以起到相互制约和平衡作用，避免单个管理机构权力过大所带来的管理弊病。但是在佛道事务管理方面，实际情形是昭玄寺的权势过于强大，昭玄寺系统的僧官对佛道管理事务有着绝对话语权，相比之下典寺署和崇虚局的俗官的权力有限，几乎很难插手佛道事务。

北周设春官管道教

北周立国宗周，设官承继周代官制，置春官府，设春官卿。《通典》云："后周置春官卿……春官之属有典命，掌内外九族之差，及玉器衣服之令，沙门道士之法。"[1]北周把道士、僧尼皆视为国家祭祀之属，故以春官府掌管佛教和道教事务，也是延续了周代以春官宗伯执掌宗教的官制传统。春官府设"有司寂上士、中士掌沙门之政，又有司玄中士、下士掌道门之政"[2]，司寂、司玄分管佛、道两教事务，是国家机构中掌管僧道事务的专门官职。

司寂、司玄之官的官秩分上士、中士、下士，是按照俗官的官品等级来确定的，故此可以推测这些司玄之士应是由俗官所担任的。北周设官依照《周礼》，设官品秩分为六等。《周礼》载："大宰，卿一人；小宰，中大夫二人；宰夫，下大夫四人。上士八人，中士十有

---

[1]〔唐〕杜佑：《通典》卷23，北京：中华书局，1988年，第629页。
[2]〔唐〕李林甫等：《唐六典》卷16，北京：中华书局，1992年，第467页。

六人,旅、下士三十有二人。"[1] 司玄之官的品秩有中士、下士两级,属于较低的官品,也可以推测北周时道教管理还不是政府部门的重要事务。

---

[1] 〔汉〕郑玄注,〔唐〕贾公彦疏:《周礼注疏》卷1,李学勤主编:《十三经注疏》五,北京:北京大学出版社,1999年,第6页。

3　小结

　　南北朝道官制度差别很大，南朝尚正，北朝尚统，南朝比较重视道教的自治，而北朝重视国家对道教的管理。梁武帝首次设置大小道正，建立了自中央到地方的道官制度，而南朝道馆之兴，官方任命道馆的馆主等，也属于基层的道官。北齐时代的道馆数量非常之多，北周时官立道馆皆立馆主为基层道官。

　　北魏道武帝置仙人博士，但只是负责皇帝的采药、炼丹等道教事务，还不是真正意义上的道官。与南朝的道官制度相比，北朝强调国家政权对道教的管控，政府在中央设置宗教管理的专门机构，北魏有崇玄署，北齐为崇虚局，北周有春官府并设司玄之士等，是以俗官的身份来参与道教的管理事务。在这个意义上来说，这些管理道教的俗官，并不是严格意义上的道官。

三 隋唐五代道官制度

　　隋代在官制上主要继承北朝的传统，对南朝也有一定的吸收和借鉴。隋文帝首次设立了道门威仪作为道官职位。唐朝继承了隋朝的道官制度并做了一些革新，唐初设道门大德管理道教事务，玄宗时恢复了道门威仪，此外还以俗官兼任宫观使、功德使等管理道教，基层宫观置三纲，建立了比较成熟的道官制度，对后世的道官制度有着深远的影响。五代基本沿袭了唐代的道官制度，道门威仪仍是最为重要的道官职位。

1 从崇虚局到功德使

崇虚局和崇玄署

隋代在官制体系上多依前代之法。隋朝对于佛教的管理，沿用北齐的昭玄系统，设昭玄寺以统领僧尼；在道教管理制度上，沿用北朝的崇虚系统。北齐以太庙令兼领崇虚局，已有先例，隋朝仍依此为制，以崇虚局执掌道门事务，仍于太常寺设崇虚局，以太庙兼领，置丞一人。"崇虚，掌五岳四渎神祀、在京及诸州道士簿帐等事"[1]，也并非道教管理的专署，兼领于太庙令，主为皇室祭祀所用，且所设官吏皆为俗官，并非由道士担任。

北魏的史料中已见崇玄署的记载。《资治通鉴》载："后魏置崇玄署，掌僧、尼、道士、女冠。"[2] 这是关于北魏最早设崇玄署的唯一记载。隋继承北朝官制，又于鸿胪寺设崇玄署。《隋书》载："鸿胪寺统典客、

---

[1] 〔唐〕魏征等：《隋书》卷27，北京：中华书局，1973年，第755页。
[2] 〔宋〕司马光：《资治通鉴》卷215，北京：中华书局，1956年，第6871页。

司仪、崇玄三署。各置令。二人。崇玄则惟置一人。"[1]

隋朝同时设置崇虚局和崇玄署，但分工不同。崇虚局只是分掌道士帐籍之事，正如僧祇部也是专门管理僧尼籍录一样，对于度僧尼道士、建造寺观等其他佛道事务，是由崇玄署来统一管理的。从崇玄署的官员设令、丞来看，可以知道崇玄署的官员，均属于俗官系统，而不是由僧道来担任。

唐初继承隋朝官制，以崇玄署"令掌京都诸观之名数，道士之帐籍，与其斋醮之事"[2]。《旧唐书》称："高祖发迹太原，官名称位，皆依隋旧。及登极之初，为遑改作，随时署置，务从省便。"[3]初唐在天下初定之时，为省便之故，官制依照隋朝而署置。在道教管理上，也依照隋朝制度，仍立崇玄署统领道教。

隋朝崇玄署隶于鸿胪寺，唐初同样以崇玄署"令掌京都诸观之名数，道士之帐籍，与其斋醮之事"[4]。除此之外，崇玄署还掌管着全国僧尼和外国僧人的帐籍，并规定由崇玄署将"新罗、日本僧入朝学问，九年不还者编诸籍"[5]。崇玄署的官员设令、丞各1人，另设府2人、史3人、典事6人、掌固2人等下属职员。

为体现道教为李唐国教的地位，开元中将崇玄署改隶宗正寺之下，将道士作为李氏宗亲对待。《文献通考》称："按崇玄署一官，唐创之，以司道教，而必属之宗正司者，盖唐以老氏为始祖，则崇其教者，亦以为尊祖宗之事也。"[6]以道士改隶宗正寺，意在光大唐室先祖的

---

[1] 〔唐〕魏征等：《隋书》卷28，北京：中华书局，1973年，第777页。
[2] 〔唐〕李林甫等：《唐六典》卷16，北京：中华书局，1992年，第467页。
[3] 〔后晋〕刘昫等：《旧唐书》卷42，北京：中华书局，1975年，第1783页。
[4] 〔唐〕李林甫等：《唐六典》卷16，北京：中华书局，1992年，第467页。
[5] 〔宋〕欧阳修等：《新唐书》卷48，北京：中华书局，1975年，第1251页。
[6] 〔元〕马端临：《文献通考》卷55，北京：中华书局，1975年，第503页。

李氏遗教，是唐代崇道政策的重要体现。道士改隶宗正寺后，相应的道教管理机构崇玄署也更为宗正卿所掌领。崇玄署作为道士的中央统制机构自天宝中道士隶司封时被罢停。天宝二年（743），以道士隶司封，自此崇玄署作为唐代中央道署的使命已经终结。道士女冠改隶吏部司封以后，宗正寺依然与司封同时掌道士帐籍，表明唐代以道士女冠为皇室宗亲的政策并未改变，而且更强化了道士女冠的宗亲地位。《记纂渊海》"尚书吏部司封条"载："（司封）掌封爵、皇之枝族及诸亲，内外命妇告身及道士、女冠等。"[1] 司封所执掌的是皇室宗亲的封爵等事，以道士女冠属之，符合李唐以道士为宗亲的崇道政策。

隋代始创三省六部制，至唐代渐趋成熟，属尚书省的礼部也曾担负道教管理的职责。礼部下设祠部执掌宗教祭祀礼仪，设礼部郎中、员外郎。《唐六典》"尚书礼部"的"祠部郎中"条规定为："祠部郎中、员外郎掌祠祀享祭、天文漏刻、国忌庙讳、卜筮医药、道佛之事。"[2] 礼部本为春官宗伯之职，祠部所执掌的主要为祭祀仪礼之类，可以说以礼部执掌宗教事务，是回归了上古三代以春官执掌宗教事务的官制传统。

玄坛监、寺观监和漆园监

隋炀帝对隋初的官制多有改革。隋炀帝即位后，废除崇玄署，代之以玄坛监管理道教。在宫观设置玄坛监一职，是隋炀帝在道教管理上的又一重要举措。《通典》载："隋初置崇玄署令、丞，至炀帝，

---

[1] 〔唐〕杜佑：《通典》卷23，北京：中华书局，1988年，第634页。
[2] 〔唐〕李林甫等：《唐六典》卷4，北京：中华书局，1992年，第120页。

改郡县佛寺为道场，置道场监一人；改观为玄坛，监一人。"[1]《隋书》亦载："郡县佛寺，改为道场，道观改为玄坛，各置监、丞。"[2] 隋炀帝设道场监、玄坛监的时间并未明确，大概是即位不久。鸿胪寺原设崇玄署为掌管僧尼道士的中央机构，炀帝废止崇玄署，以道场监和玄坛监代替其职责，依然是鸿胪寺的属司。玄坛监的监、丞等官，也为官府委派的俗官，具体负责对宫观事务的监督管理等。

在崇玄署建立之前，唐初曾以寺观监、漆园监作为道教管理的职官。寺观监、漆园监等职的设置，源于隋炀帝时期所设的道场监、玄坛监。唐初因之，设寺观监，又设漆园监，继承了隋朝的寺观监督制度。《新唐书》载："唐置诸寺观监，隶鸿胪寺，每寺观有监一人。贞观中，废寺观监。上元二年（675），置漆园监，寻废。"[3]《唐会要》载："上元二年正月，置漆园监官生员。"[4] 唐初高祖曾置寺观监，太宗时寺观监被废除，高宗上元二年[5]又置漆园监官为宫观监督之官。寺观监、漆园监等宫观监督官吏，皆由鸿胪寺委派俗官担任，对宫观大小事务实行监控，意在加强政府对道教的全面掌控。但唐初所设的寺观监和漆园监皆为一时之官，虽继承隋代的玄坛监，但很快被废弃，未成定制。

---

[1] 〔唐〕杜佑：《通典》卷25，北京：中华书局，1988年，第704页。

[2] 〔唐〕魏征等：《隋书》卷28，北京：中华书局，1973年，第802页。

[3] 〔北宋〕欧阳修等：《新唐书》卷48，北京：中华书局，1975年，第1252页。

[4] 〔北宋〕王溥：《唐会要》卷50，北京：中华书局，1990年，第867页。

[5] 唐代共有两个"上元"年号，一为高宗李治年号的"上元"（674~676），一为肃宗李亨年号的"上元"（760~761）。不少学者认为漆园监的初置年代，是在肃宗的"上元二年（761）"。窃以为，漆园监一职，乃是接续高祖、太宗时代的寺观监而来。按：肃宗时代已经以司封、宗正寺等检校道教事，道教管理制度已建立起来，又有道门威仪等道官整肃道教，故此认为，高宗时代在道教管理制度尚未完善之时，设漆园监较为合理。

宫观使

唐玄宗时开始在许多重要宫观设立宫观使，成为唐代道官制度的重要内容。唐代前期主要以崇玄署等统领道教之事，以道官道门威仪检束道士，以三纲统摄宫观事务，其中道官自治在道教管理中具有重要地位。安史之乱后，盛唐气象一去不复返，而王权危机感日益增强，反映在道教管理上，急需强化王权控制的力量。玄宗时始设的宫观使就是以俗官身份插手道教管理的新官僚。

钱易《南部新书》载："唐天宝七载（748），以给事中杨钊充九成宫使，宫使之名自此始。"[1] 由皇帝派遣宫廷内官为宫观使，在各级道官、宫观三纲之外加强了官府监督之力，体现了唐代统治者对道教管理的加强。

玄宗朝始设宫观使，只是在一些地位较为特殊的宫观设置这一职位，还不具有普遍的意义。唐代的道观有皇家道观和民间道观两种。前者为官方道观，拥有较为特殊的社会地位和经济待遇，对此类道观的管理主要由官府插手；民间道观地位卑微，规模较小，一般委以宫观三纲主持。《南部新书》所载的"九成宫"地处京畿，始建于隋文帝时，当时名为仁寿宫，为皇家别宫，唐太宗扩修为九成宫。九成宫作为唐代的皇家宫观，地位较为特殊，因此官府委派宫观使主其事。

但是给事中杨钊充九成宫使，并不是唐代宫观使的滥觞。早在唐初，就已经有宫观使的任命了。《职官分纪》载："唐开元八年（720），同州刺史姜师度兼管内长寿宫使，其后或以御史中丞或以殿中监带使，至大历九年（774）后，惟以同州刺史充。"[2] 同州亦为唐朝京畿重镇，

---

[1] 〔元〕马端临：《文献通考》卷60，引〔宋〕钱易《南部新书》，见文渊阁《四库全书》影印本。
[2] 〔宋〕孙逢吉：《职官分纪》卷45，见文渊阁《四库全书》影印本。

长寿宫也是唐代十分重要的官办道观，唐代地方道教一般以功曹、司功统领，玄宗朝更以一州的行政长官刺史来亲任宫观使，一方面反映了朝廷对于道教事务的重视，另一方面实际体现了官方对于道教管控力量的不断强化。

唐代地方政府对宗教管理尚未设置专管机构，仍沿袭北朝做法，由州功曹、司功兼管道佛之事，《旧唐书》："功曹、司功掌官吏考课、祭祀、祯祥、道佛、学校、表疏、医药、陈设之事。"[1]道教、佛教等宗教事务是地方功曹的重要管理范围。随着权政力量对道教管理的逐渐强化，地方功曹官员也随之被任命为兼职的宫观使，以敕命道官的名义，检校和管理本地的道门事务，将功曹、司功的佛道管理职责交给宫观使。如开元十七年（729），晋州刺史白知慎"敕检校庆唐观使"[2]。白知慎曾历任户部侍郎、河南少尹等职，开元十三年（725）因"坐支度失所"被贬为晋州刺史。晋州龙角山庆唐观为老君降圣之处，是李唐皇室敕建的皇家宫观，地位十分特殊，已不完全是独立的道观，具有官办宫观的性质，因此官府特设庆唐观使以统领之，开元十七年（729）造《庆唐观纪圣铭》时，作为晋州刺史的白知慎正兼任这一职务。

宫观使的设置，是官方插手宫观事务的重要措施，目的是以俗官逐渐取代道官的自治职权。唐代的宫观使以太微宫使和太清宫使最为重要，两京太微宫、太清宫供奉玄元皇帝与唐代诸帝，具有皇室家庙的性质，是唐室祭祀的神圣场所，也是国祚永延的精神支柱，故此所设宫观使的地位也最为显要，一般均由朝廷重臣兼任。唐德宗兴元元年（784），以检校司徒同中书门下平章事李勉为太清宫使，以门下侍郎同中书门下平章事卢翰为太微宫使。

---

[1] 〔后晋〕刘昫等：《旧唐书》卷44，北京：中华书局，1975年，第1919页。
[2] 《庆唐观纪圣铭》，陈垣：《道家金石略》，北京：文物出版社，1988年，第113页。

晚唐以来，皇室更期望于玄元皇帝的护佑而国祚绵延，对老子的崇拜一如既往。唐王朝虽日渐衰落，两宫的地位却日益尊崇，所设的太清宫使，更以宰相为任。《春明退朝录》卷上载："唐制，宰相四人，首相为太清宫使，次三相皆带馆职。"[1]李林甫、杨国忠皆以宰相、右相等身份担任过太清宫使一职。地方节度使也有担任太清宫使的例子[2]，如《历代崇道记》曾记载，懿宗咸通十年（869），汴州节度使李蔚在任为太清宫使。太微宫与太清宫一样，均以朝廷重臣担任宫观使，唐末宰相柳璨、裴枢，曾先后兼太微宫使。"太微宫使、太清宫使，皆为荣宠之任"[3]，让职位至为重要的一国宰相来担任，反映了皇室对于道教的精神依赖程度大大增强了，其寄希望于先祖老君能够拯救李唐皇室的没落。

唐代的宫观使本为加强对官方宫观的监督而设，故所见的宫观使多由俗官担任，但亦有道士担任的特例：玄宗朝，著名道士胡紫阳曾被诏为西京太微宫使。紫阳先生俗姓胡，世人皆尊为"紫阳先生"，久失其真名。据《李太白全集》记载，天宝中玄宗诏紫阳先生进京，任命为西京太微宫使、威仪及天下采经使等职。西京太微宫是一座集道观和皇家宗庙为一体的官方宫观，玄宗朝供奉高祖、太宗、高宗、中宗和睿宗五帝真容，天宝九载（750），玄宗诏"自今后，每亲告献，太清、太微宫改为朝献，有司行事为荐献"[4]。前述太微宫、太清宫

---

[1]〔宋〕宋敏求：《春明退朝录》卷上，北京：中华书局，1980年，第12页。

[2] 唐朝后期节度使专制一方，拥兵自重，权力日益强盛，地位之重堪比宰相，故"太清宫使"这样重要的名誉职位，除了宰相之外，也常授予节度使，以示尊荣。〔宋〕徐度：《却扫编》载："唐之方镇得专制一方，甲兵钱谷、生杀予夺皆属焉，权任之重自宰相之外它官盖无与比，故其始拜也，降麻告廷与宰相同，而赐节铸印之礼，又为特异，诚以其任重故宠之。"

[3]〔清〕嵇璜、曹仁虎等：《钦定续通志》卷130，影印文渊阁《四库全书》本。

[4]〔后晋〕刘昫等：《旧唐书》卷24，北京：中华书局，1975年，第927~928页。

的宫观使，皆以朝廷重臣宰相、节度使等担任，而以道士为太微宫使也仅此一例。然而胡紫阳担任太微宫使这一显要的职位，受到了许多人的排挤，最后辞归故里。

功德使

在唐代政治稳定、文化繁荣、经济鼎盛的时代环境下，佛道两教也十分盛行。但在强大的政治统治下，僧道也渐渐沦为皇室的御用臣仆，其中定期为皇室斋醮、为民祈福修功德等事，为佛道的一项重要政治任务。玄宗朝的《令天下寺观修功德敕》曰：

> 释道二教，玄通众妙，皆有明征，是所依凭，岂忘尊奉？其天下寺观，并令修功德，用济三圣之教，以答百灵之心，宜副虚怀，各陈致敬。[1]

在这些官方宗教活动中，政府会临时委派俗官主管此类功德中的一切事务，称为功德使。天宝年间，始见有临时派遣性质的功德使，主持京城造像、建寺等事，如京城寺观修功德使、五台山修功德使等，李含光、程元遑等曾为茅山的修功德使，奉敕检修紫阳观等。中宗时，曾以沙门廓清为修功德使。不过此时的功德使还是一事一设，并非常职。

功德使制度曾一度在唐武宗时被废除，至德宗贞元四年（788）"后复置左右街大功德使、东都功德使、修功德使，总僧尼之籍及功役"[2]。

---

[1]　〔宋〕宋敏求：《唐大诏令集》卷113，北京：商务印书馆，1959年，第590页。
[2]　〔宋〕司马光：《资治通鉴》卷237，北京：中华书局，1956年，第7661页。

由于唐代的宦官专权，经常以"修功德"为名，奉命在全国建造寺观、佛塔，开凿石窟等，渐渐成为常设的"钦差大臣"，从而控制了佛道事务的管理大权。

在诸多功德使中，以左右街功德使的权力最大。宪宗以前，左右街功德使已经开始与司封、宗正寺等共同掌管道教事务。元和以前宗教统制机构屡有变迁，僧道管理部门繁多，致使诸事相互推诿。左右街功德使在专管佛道祭祀、造像、监造寺庙等事务中，渐渐掌握了实权，其余分管佛道各署的职权逐渐被集中在两街功德使之手。

宪宗时代曾以有军功的宦官担任左右街功德使以示荣誉，"非谓专其僧道也"。如当时的"左监门卫将军充左神策护军中尉……吐突承璀累立军功，故有此授"[1]。宪宗元和二年（807）"二月辛酉，诏僧尼道士全隶左右街功德使，自是祠部、司封不复关奏"[2]。元和以后，国家规定僧尼道士均隶属于左右街功德使管辖，这一具有荣誉性质的职位成为真正掌握实权的重要官职，自此功德使成为唐代后期佛道管理的总衙门。唐德宗以后宦官插手朝政，统领宫中禁军，又奉命掌管佛道教事务，左右街功德使的重要职位也为宦官所独揽[3]，从此以宦官的左右神策军使担任此职成为常例。

左右街功德使由皇帝亲自委任，不隶属于任何衙门，直接对皇帝一人负责。《东观奏记》载：宣宗"上微行至德观，女道士有盛服浓妆者，赫怒急归宫，立宣左街功德使宋叔康，令尽逐去，别选男道士七人住持，以清其观"[4]。左右街功德使直接听命于皇帝，奉命行事。

---

[1] 〔宋〕赞宁：《大宋僧史略》卷2，《大正新修大藏经》第54册，台北：新文丰出版社，1973年，第245页。
[2] 〔后晋〕刘昫等：《旧唐书》卷14，北京：中华书局，1975年，第420页。
[3] 〔宋〕王钦若：《册府元龟》卷665，北京：中华书局，1960年。
[4] 〔唐〕裴庭裕：《东观奏记》卷上，明刻初印本，第31266页。

会昌中，武宗废佛，时日本僧人圆仁入唐求法，在《入唐求法巡礼行记》中详细描述了当时左右街功德使掌握僧道管理大权，奉命发布诸多僧尼还俗、限制佛教活动的文告等。作为"钦差大臣"的左右街功德使权势很大。据《新唐书》载，肃宗时的两街功德使李琮"恃势桀横，众辱京兆尹崔昭于禁中"，飞扬跋扈，盛气凌人。[1]

左右街功德使被赋予总揽僧道管理事务大权之后，围绕这个职位实际形成了一个独立的僧道管理衙门，就是左右街功德使司。宪宗初年，在左右街功德使下曾有千福寺上座沙门灵邃担任"翻经都句当右街诸寺观释道二教事"的职位，"句当"有临时办理之意，可能是左右街功德使之下临时新设的职位，作为左右街功德使的属官，具体负责佛道的寺观等事，这个职位后来演变为僧官左右街僧录，仍由灵邃担任右街僧录。《佛祖统纪》载："元和元年，敕沙门端甫录左街僧事，掌内殿法仪，沙门灵邃录右街僧事。"[2] 佛教僧官的僧录始创于姚秦时期，主要负责僧尼帐籍，唐代元和以后在左右街功德使之下增设左右街僧录，可能也是协助左右街功德使掌管僧尼帐籍的僧官。作为道官的左右街道门威仪和僧官的僧录，此时都已经沦为左右街功德使的属官。

---

[1]　〔宋〕欧阳修等：《新唐书》卷143，北京：中华书局，1975年，第4695页。
[2]　〔宋〕释志磐：《佛祖统纪》卷41，《大正新修大藏经》第49册，台北：新文丰出版社，1973年，第380页。

2 道门威仪

隋文帝以道士为道门威仪

  隋文帝即位之后逐渐改变对道士的态度，早年"于道士蔑如也"，在新京大兴城建立了道教宫观，道教开始从山林走向城市。隋文帝始设道门威仪管理道教事务，并任命道士王延为第一任道门威仪，这是真正意义上的道官。隋开皇六年（586），文帝以楼观道士王延为第一任道门威仪，此后这一新设之道官职位为唐代所沿用。《事物纪原》"道箓"条载："《续事始》引《仙传拾遗》载曰：隋文帝始以玄都观主王延为威仪。"[1] 另《云笈七签》卷85"王延传"载：

  隋文禅位，置玄都观，以延为观主，又以开皇为号。六年丙午，诏以宝车迎延于大兴殿，帝洁斋请益，受智慧大戒，于时丹凤来仪，飞止坛殿，诏以延为道门（威仪），威仪之制，

---

[1] 〔宋〕高承：《事物纪原》卷7，北京：中华书局，1989年，第382页。

自延始也。[1]

《历世真仙体道通鉴》载:"道士王延,字子元,扶风人也,才九岁,好道,西魏文帝大统三年(537)丁巳入道,师正懿先生陈宝炽,至十八,肄业于楼观。"[2]王延幼时入道,依止在著名道士陈宝炽的门下,居于楼观台潜修,与李顺兴等结为道友,后来又师事华山真人焦旷等。从王延的经历来看,他自小进入道门,得当时著名道士的亲自指教,具有楼观道、茅山道的学术背景。早在北周时,王延就为周武帝所宠信,曾被诏至通道馆主持编订校雠三洞经图等,又有著作《三洞珠囊》等,是一位学术渊博的高道大德,作为当时领袖级的道士,在道教界具有很大的影响。

隋文帝在大兴城九五尊位置建玄都观,诏以王延为观主,并从其受道教智慧大戒等,大加礼遇。担任道门威仪之时,王延已是67岁的一代名道,为"田谷十老"之一,在道教界的声望颇高,朝臣苏威、杨素等皆北面执弟子之礼。从隋文帝以大德王延为道门威仪来看,这一道官职务的选授,对道士素质的要求是非常高的,统治者希望以道官本身的威信,为广大道士树立一个威仪的典范,而不是以世俗政权的权威加之于道士,有效地缓和了道教与政权之间的紧张关系,是隋朝道官制度较为成功的典范。

梁武帝设大小道正,即取"以道自正"之意,就是以道正作为道教自治的官吏。隋朝的道门威仪亦是如此,"威仪"一词也来自早期

---

[1] 〔宋〕张君房:《云笈七签》卷85,《道藏》第22册,北京:文物出版社、上海:上海书店、天津:天津古籍出版社,1998年,第602~603页。

[2] 〔元〕赵道一:《历世真仙体道通鉴》卷26,《道藏》第5册,北京:文物出版社、上海:上海书店、天津:天津古籍出版社,1998年,第272页。

道教的教职名称。隋文帝设道门威仪的创举，是对南朝道官制度的继承和创新。

早期天师道立治置署，其中央道署的"二十四职"中即有"威仪"一职，《玄都职治律》称："威仪职，主教敕礼制、衣服、仪容、法则、起次位，弹邪正非，施行法礼。"[1]在天师道团中，威仪掌管礼仪制度、衣服仪表、精神面貌、规则位次、检束戒律、施行法教等，是一个非常重要的神职职位。宫观制度建立以后，威仪专管道士的戒律，在道士受戒仪式中又号为"威仪师"，唐代以威仪师为道教"三师"之一。《唐六典》载："道士修行有三号，其一曰法师，其二曰威仪师，其三曰律师。"[2]以此来看，源于宫观威仪师的道门威仪的主要职责是检束道士的仪式戒律和行为规范等。

除京城设道门威仪为道官，地方不见设这一职务。盖因隋朝建国之初，诸事未平，朝廷眷顾于国事，而无暇顾及地方道门之事，仅以州县官府统辖。王延于仁寿四年（604）九月羽化之后，道门威仪之官未见续任。也正是这一年，隋炀帝弑父即位，对文帝时代的官制大加改革，而道门威仪这一道官职位大概就是从这时候废除的。隋炀帝即位之后，"郡县佛寺，改为道场，道观改为玄坛，各置监、丞"[3]，以一种新的俗官玄坛监来代替道门威仪的职责，直到唐代玄宗时代才恢复道门威仪的署置。

---

[1]《三洞珠囊》卷7，《道藏》第25册，北京：文物出版社、上海：上海书店、天津：天津古籍出版社，1998年，第336页。

[2]〔唐〕李林甫等：《唐六典》卷4，北京：中华书局，1992年，第125页。

[3]〔唐〕魏征等：《隋书》卷28，北京：中华书局，1973年，第802页。

唐玄宗复设道门威仪

唐代道官制度继承了隋代道门威仪一职,京城、地方普遍设置道门威仪为主要的道官职务,或称检校道门威仪、道门威仪使、威仪使、威仪等。不过至玄宗时,始见有道门威仪之设,玄宗开元年间,司马秀为检校道门威仪[1],天宝中玄宗"召(紫阳)为威仪及天下采经使"[2]。天宝年间,还有道士萧玄裕为检校道门威仪[3]。玄宗朝后期,道士王虚真、阎□先后出任道门威仪;道士申普约是肃宗、代宗时期的道门威仪;道士刘玄静、郗玄表先后为文宗、武宗时的道门威仪;敬宗宝历年间,道士赵长盈担任道门威仪[4];僖宗中和年间,道士杜光庭任职道门威仪[5]。

唐后期京城的道门威仪分设左、右街,以与所属的左右街功德使相应。《事物纪原》"道箓"条载:"《续事始》引《仙传拾遗》载曰:隋文帝始以玄都观主王延为威仪,唐置左右街。"[6]唐代京城长安沿朱雀大街中轴分为东西两街,分别按左右街置官管理。唐元和二年(807)以左右街功德使统一管辖僧道之事,京城的道官道门威仪,也应属于左右街功德使的属员。为适应政府宗教机构的管理体制,道门威仪也分别设置左右街。如文宗太和年间,郗玄表曾任左街道门威

---

[1] 《开元圣文神武皇帝注道德经敕》,陈垣:《道家金石略》,北京:文物出版社,1988年,第118页。

[2] 《汉东紫阳先生碑铭》,〔清〕董诰等:《全唐文》卷350,北京:中华书局,1983年,第3551页。

[3] 《玄元灵验颂》,陈垣:《道家金石略》,北京:文物出版社,1988年,第133页。

[4] 〔唐〕徐灵府:《天台山记》,《大正新修大藏经》第51册,台北:新文丰出版社,1973年,第1054页。

[5] 〔宋〕赞宁:《大宋僧史略》卷中,《大正新修大藏经》第54册,台北:新文丰出版社,1973年,第244页。

[6] 〔宋〕高承:《事物纪原》卷7,北京:中华书局,1989年,第382页。

仪[1]，尹嗣玄曾任右街威仪[2]；僖宗时道士何冲徽为右街威仪等[3]。在东京洛阳也设一名道门威仪，如开元年间，著名道士张探玄就曾经任"东京道门威仪"一职[4]。

地方各道辖区内一般设有管内道门威仪，如唐僖宗年间谢遵符曾任淮南管内威仪指挥诸宫观[5]，即管辖淮南道辖区内的地方道门威仪。或者相邻几道共设一位管内道门威仪，如僖宗中和年间，新安道士聂师道曾担任淮浙宣歙管内道门威仪，管辖范围包括淮南道、浙西道和宣歙道三道之地。聂师道是唐代茅山派天台一系的高道，"少则事道士于方外，发迹游名山，数见异人，杨行密开府于扬州，宗微实辅佐之。盖为国师三十年"[6]。又被赐以"逍遥大师问政先生"之号，《续仙传》赞其"早通玄理，夙契真风，野鹤不群，孤云自在"[7]。

地方州县一般也设有道门威仪，按照政府的行政区划实施分区管理，反映了道官实质上已经被纳入国家官僚体系之中。如大历年间，紫极宫道士叶修然为括州都检校道门威仪[8]；景龙年间，龙兴观染遗

---

[1] 《唐大明宫玉晨观故上清洞三景弟子东岳青帝真人田法师（元素）玄室铭并序》，参见樊光春：《陕西新发现的道教金石》，《世界宗教研究》1993年第2期。

[2] 《西川青羊宫碑铭》，陈垣：《道家金石略》，北京：文物出版社，1988年，第191页。

[3] 《广成集》卷1，《道藏》第11册，北京：文物出版社、上海：上海书店、天津：天津古籍出版社，1998年，第232页。

[4] 《张探玄碑》，陈垣：《道家金石略》，北京：文物出版社，1988年，第136页。

[5] 〔唐〕崔致远：《桂苑笔耕集》卷14，北京：中华书局，1985年，第136页。

[6] 〔宋〕罗愿：《罗鄂州小集》卷6，台北：台湾商务印书馆影印文渊阁《四库全书》本，第1142册，第535页。

[7] 〔南唐〕沈汾：《续仙传》，《道藏》第5册，北京：文物出版社、上海：上海书店、天津：天津古籍出版社，1998年，第96页，〔元〕张天雨：《玄品录》，《道藏》第18册，同前，第135页。

[8] 《宣阳观钟铭记》，陈垣：《道家金石略》，北京：文物出版社，1988年，第162页。

鸣为易州威仪，泰山真君庙院主卜皓检校道门[1]，为沂州道门威仪。也有执掌几个县的，如天宝中，田名德为检校奉先等县威仪使，管辖的范围为京兆府的富平、奉先两县。

唐代道教事业较为兴盛，为了加强对这些地方的道教管理，官府在这些重要道教名山也设有道门威仪，如茅山道士孙智清、邓启遐等人先后担任过茅山道门威仪一职。重要道教名山的道门威仪，不拘泥于政府的行政区划，因此这些地区的道门事务较为集中，其道官具有特设的性质。

不过唐代在道教十分兴盛的地区，除了设道门威仪之外，还有设都监斋[2]为道门威仪之副官，简称"都监"，如中宗时，重光观道士张眘行、龙兴观刘□□曾先后任职为易州都监斋[3]。易州是老君降圣之地，唐代皇室敕建宫观，地位非同一般，宫观负责皇家斋醮等事务较为繁杂，故于道门威仪之外增设都监一职，以辅助道门威仪的工作。

除了两京、地方各道州县、道教名山等设道门威仪外，唐代还在某些重要的宫观也设有威仪，如：中宗时道士成正因任易州紫烟观威仪；玄宗开元年间，道士张湛为□□观威仪；天宝间，道士元丹丘为西京大昭成观威仪等。这些宫观中的威仪也是唐代最基层的道官职位。

因道观内职中有威仪，道士修行的三师也有威仪师，故此常常会造成两者为同一官职的误会。作为道官的威仪，实质上是一种官府委派的使官，故也称威仪使，或称知威仪事。如中宗时张眘行曾知（重

---

[1] 《岱岳观碑（二七）》，陈垣：《道家金石略》，北京：文物出版社，1988年，第168页。

[2] 与宫观三纲之一"监斋"升为"都监斋"类同的是，佛教僧官制度也有将寺庙三纲之一的维那升为都维那的先例。南朝刘宋佛教僧官有都维那一职，为京城州郡一级的僧官，作为僧正之副；唐代的道官都监斋也是作为道门威仪的副职而设置的，唐代不设道正，即以道门威仪替代道正之职。

[3] 《龙兴观道德经碑额并阴侧题名》，陈垣：《道家金石略》，北京：文物出版社，1988年，第98页。

光观）威仪事。此外道教教职中的威仪师，也是一种宫观内部对擅长法事仪式等道士的称呼，与法师、律师合为"三师"，他们在道士受箓、斋醮仪式、祭祀礼仪等仪式上承担指导道士言语行为的责任，以使之符合道教法事仪式所要求的规范。

宫观威仪使与地方各级道门威仪执掌的范围相同，主要是对宫观道士的日常行为负有监察约束的职责，并向上级道官和官府汇报道门诸事，本身并不负责对道门事务的行政管理，也不负责对道士在宗教仪式上规范的指导。实际执掌道教宫观管理的仍然是另一基层的道官三纲。宫观威仪和三纲同为基层道官，所担负的职责不尽相同，虽然均对政府部门负责，但由于三纲重在主持宫观，更多是站在道士和宫观的立场，而威仪行使检束职责，具有官府的色彩更多。

唐代在基层宫观设立两套独立的道官系统，加强对道教的管理，以不同道官之间的相互制衡，更好地控制道士和宫观。实际上，作为道官的道门威仪，也同时具有道士和官吏的双重身份：一方面，作为政府官吏的道官，代表官方行使政府管理的职责，是站在相对于道士的官方立场；另一方面，道官作为道士，又站在与俗官相对的道教立场，尽力维护道士和宫观的利益等。

全国性的道门威仪一般由皇帝亲自任命，看来道门威仪一职具有举足轻重的地位。如张探玄在"（开元）廿一年（733），诏为东都道门威仪使"。任命道门威仪，由皇帝亲下诏书，非同寻常。东明观道士王虚真也曾在玄宗时被委任为道门威仪，《册府元龟》载："（天宝）十四载（755）四月，道士王虚真卒，赠洞微先生。虚真东明观道士，以箓得见。帝方崇玄言，颇重之。俾为道门威仪、翰林供奉、赐紫帔，监领诸道士。"[1]"俾"有"使,任命"等意,唐代著名道士王虚真为玄宗所重视,被委以道门威仪的重要职位,而且明确道门威仪的主要职责是"监领诸道士"。

唐代所推选的道官道门威仪未见有以俗人担任的,可以确定唐代的道门威仪一职是道士专任之官。唐代官府对道门威仪的选拔是非常严格的,前述担任道门威仪的道官都是当时的著名道士,堪为道教界的领袖人物。如"道门威仪赵常盈,遍得先生之学,与符洞幽、周元德、晏元寿、董太珣等,或关尹受教,或庚桑为役,有年数矣"[2]。

道门威仪之官并不设立相关的署衙,担任道门威仪的道士,一般都是某个宫观的观主、宗师、法主等,故此皆以所住道观为署。道门威仪一般是一地设一员,很少有副职和属员的设置,一方面因为道门威仪没有衙署,也不具体处理道门公务,另一个方面的原因可能就是道门威仪已经是较低的职位,元和二年(807)后,道门威仪已经成为左右街功德使的属员了。

道门威仪本意是以道门领袖为道门榜样,而道门威仪的委任确实对道士起到过很好的表率作用,也对道教的发展做出了许多贡献。到了唐代后期,作为朝廷钦差的各种功德使,渐渐成为京城新的宗教管理职官,在许多方面代替了道门威仪的职责,体现了国家对道教事务管理权的集中。故此玄宗时曾罢停京都的检校道门威仪。开元二十五年(737)的《停京都检校僧道威仪敕》:

> 道释二教,必在护持,须置威仪,令自整肃,徒众既广,

---

[1] 〔宋〕王钦若:《册府元龟》卷54,北京:中华书局,1960年,第605页。
[2] 《唐故太清宫三洞法师吴先生碑铭并序》,〔清〕董诰等:《全唐文》卷501,北京:中华书局,1983年,第5107页。

统摄尤难，更相是非，却成烦弊，自今已后，京都检校僧道威仪事宜并停，或恐先有猜嫌，因此妄相纪诉，所由亦不须为理。[1]

虽然京城道门威仪因为"更相是非，却成烦弊"的借口而遭到罢停，但各地州县、道教名山和宫观等依然以各级道门威仪检束道士。不过道门威仪罢停不久，在天宝年间又得到了恢复，直到唐末五代，道门威仪作为重要的道官职位一直得以保留。

五代沿袭道门威仪之设

道门威仪自隋文帝初设，至唐玄宗复置，沿袭至五代时基本继承了这一制度。后梁、前蜀、后蜀、吴越、闽等国都仍见有道门威仪的设立。五代十国，战乱频仍，政权交替，道教失去了在唐代的显贵地位，各国也无暇建立新的官制，仍然沿袭了唐代制度，道官制度亦如此，左右街道门威仪和地方道门威仪、管内道门威仪、山门威仪、山门都监等道官职位均见有记载。

后梁太祖朱温篡唐称帝后，一方面在政治上降低了道教的地位，另一方面对有影响力的道官仍保留着一定的尊重态度以资利用。据《旧五代史》载，开平元年（907）九月，"浙西奏道门威仪郑章、道士夏隐言，焚修精志，妙达希夷，推诸辈流，实有道业。郑章宜赐号'贞一大师'，仍名玄章，隐言赐紫衣"[2]。郑章、夏隐言师徒为茅山派南岳天台一系的重要传承人，郑章作为浙西的地方道门威仪，是当时

---

[1] 〔宋〕宋敏求：《唐大诏令集》卷113，北京：商务印书馆，1959年，第590页。
[2] 〔宋〕薛居正：《旧五代史》，影印文渊阁《四库全书》本，第277册，第58页。

道门中的杰出领袖,被浙西地方官举荐给梁太祖,赐以"贞一大师"的师号。又据《历世真仙体道通鉴》载,郑章后入闽,被闽主王审知任命为左街道门威仪。[1]

如果说中原五个相继的割据政权后梁、后唐、后晋、后汉、后周,因战乱并不十分重视道教,那么地处边远的十国如前后蜀、吴越等国,因心系唐朝旧国,仍能延续道教在国家政治生活中的重要地位,除了沿袭唐代的道官制度,还对当时道教领袖的道官们待以尊崇之礼,前蜀王建即如此,他对佛教也同样敬信。当时僧官国师光业和道官杨德辉,都是王建所重视的宗教人才,二人经常相互辩论。《鉴诫录》载有逸事:"前蜀佑圣国师光业,有过人之辩,为僧门一瑞也。威仪杨德辉,有出人之才,为道门之一俊也。至于问答论难,无不双美。"[2]武成元年(908),"是岁帝以降生日为寿春节,诸僧进辟支佛牙,道士献《武成混元图》。佑圣国师光业、道门威仪杨德辉,是日以此事相嘲"[3]。王建生日之日,佛教和道教均有贺礼进献,作为教门领袖的僧官和道官还相互作诗嘲讽对方的礼物,也算是前蜀时代宗教界的趣事美谈了。

唐末杜光庭曾随僖宗入蜀,便留在了成都。杜光庭深受前蜀高祖王建的赏识,除授光禄大夫、尚书户部侍郎、上柱国、蔡国公,进号广成先生,地位尊崇非常。在杜光庭所撰写的《录异记》中,记载了前蜀永平四年(914)甲戌,利州(治今四川广元)刺史王承赏奏称景谷县(今四川青川县)道长山杨谟洞有神仙出入,高祖王建乃"诏道

---

[1] 〔元〕赵道一:《历世真仙体道通鉴》卷43,《道藏》第5册,北京:文物出版社、上海:上海书店、天津:天津古籍出版社,1998年,第348页。

[2] 〔后蜀〕何光远:《鉴诫录》卷6,影印文渊阁《四库全书》本,第1035册,第899页。

[3] 〔清〕吴任臣:《十国春秋》卷36,影印文渊阁《四库全书》本,第465册,第326页。

门威仪凝真大师默鉴先生任可言,内大德施昭训,资青词御香,与内使杨知淑,同往醮谢"[1]。担任前蜀道门威仪的任可言,还被赐以"凝真大师默鉴先生"之号,由此可见其地位之尊荣,同时前蜀皇宫中还设有内大德,参与皇家的道教斋醮活动等。

后梁开平三年(909),朱温封王审知为闽王,开始建立闽国。但王审知一直尊奉中原王朝正朔,称臣纳贡,未曾称帝,也沿用唐和后梁的道官制度,设道门大德、道门威仪、道门都监等管理道教事务。闽国的道官制度沿袭唐代,除了两街道门威仪,也有左右两街都监之设。据《福建福州外兰尾山五代墓葬简报》公布的道士王绍仙墓志铭,称其为"大闽国故左右两街都监大德赐紫王君",并云"乾化四年充表赞大德,玄纲大整,法会将隆,式迁授两街都监大德"[2]。据墓志称,王绍仙或有仙术,王审知经常召其入内廷。乾化四年(914),任命王绍仙为表赞大德,实为道门大德之一类,掌管宫廷道教法事,后迁授为两街都监大德,为两街道门威仪之副手。

五代著名道士谭峭,号紫霄道人,"遂入闽中,闽主王审知礼加勤厚,一命洞玄天师(玄或作章),再命左街道门威仪贞一先生,降札曰:慈能育物,鉴可通神,未归十洞三天,且佐宵衣旰食"。谭峭道德高妙,闽主王审知两次赐给他封号并任命他为京城的道官左街道门威仪。南唐保大二年(944),南唐主李璟灭闽国,谭紫霄归金陵(今南京),"南唐烈祖闻之,遣使劳问……乃授左街道门威仪,及锡命服,加真曜先生(曜或作观)。降札曰:养德林中,栖神象外,遣华世网,绝利道腴"。

---

[1] 〔前蜀〕杜光庭:《录异记》卷1,《道藏》第10册,北京:文物出版社、上海:上海书店、天津:天津古籍出版社,1998年,第857~858页。

[2] 林桂枝:《福建福州外兰尾山五代墓葬简报》,《南方文物》2010年第3期。

后又赐"金门羽客"[1]之称。

南唐以李唐后裔自居为唐祚正统,遵循唐制而继续尊崇道教,道官制度亦以唐制为本。除谭峭外,在南唐担任过道门威仪的还有茅山道士王栖霞。据徐铉撰《唐故道门威仪玄博大师贞素先生王君之碑》载,王栖霞,字玄隐,后晋天福中避乱南渡,先是在寿春师事淮浙宣歙管内道门威仪问政先生聂师道学习法箓,又从茅山道门威仪邓启遐受大洞真法玄科圣旨,南唐烈祖李昪先后赐号"玄博大师""贞素先生",又命其担任道门威仪,管理道教事务,保大十年(952)羽化于金陵玄真观[2]。聂师道师徒数人均担任过道门威仪,堪为当时玄门之佳话,也反映了上清派道士在国家政治生活中的重要影响力。

五代吴越国将京城道官的两街道门威仪改为两街道统,但在天台山仍保留着道门威仪、山门都监的职位。据嘉定《赤城志》载,五代天台道士朱霄外,居台州栖霞宫,忠懿王钱俶对其优礼有加并任命其为"两街道统、天台道门威仪",后周广顺二年(952)忠懿王钱俶为朱霄外在天台山修建了崇道观,据载观内殿梁有题字曰:"吴越两街道统、天台道门威仪、栖真明德大师通玄先生正一天师、特进检校太傅守太保上柱国、吴郡开国公食邑一千五百户朱霄外建。"[3]朱霄外不仅担任了吴越国的最高道官两街道统,还进封为太傅太保及上柱国开国公,是当时道士所能获得的最高荣誉,堪与前蜀时代的杜光庭相媲美。

朱霄外以两街道统兼任天台道门威仪,当时天台山还设有山门都

---

[1] 〔元〕赵道一:《历世真仙体道通鉴》卷43,《道藏》第5册,北京:文物出版社、上海:上海书店、天津:天津古籍出版社,1998年,第348页。

[2] 〔宋〕徐铉:《唐故道门威仪玄博大师贞素先生王君之碑》,《徐公文集》卷12,影印上海涵芬楼藏《四部丛刊》本,第170页。

[3] 〔宋〕陈耆卿:《赤城志》卷35,影印文渊阁《四库全书》本,第486册,第906~907页。

监以掌教事，《天台山志》载："唐景云中天子为司马承祯置观桐柏，界琼台三井之下。五代相竞，中原多事。吴越忠懿王得为道士朱霄外新之，遂筑室于上清阁西北，藏金录字经二百函，勤其事也。……有灵静大师孟玄岳者，始越会稽，济沃洲赤城，访桐柏，为山门都监，冲一大师稽常一等请掌斯藏。"[1]洪州奉新县"有道门都监余守征者，剪除宿莽，草创精庐，苦节忘形，五十余载，修心以化俗，传法以度人"[2]。

吴越国先后奉中原政权为正朔，朱霄外担任吴越国两街道统之际，正是后周太祖郭威立国之初，吴越国奉后周为宗主，使用后周的年号，道官制度亦必依照后周，故此吴越国改两街道门威仪为两街道统，可能是遵照后周的道官制度仿照佛教设僧官僧统而改。目前没有资料显示后周何时改设两街道统，但高承编撰的《事物纪原》，透露了道门威仪在后周被改名为道录的信息："唐有左右街威仪，周避讳改为道录，宋朝因之。"[3]《宋朝会要》亦有同样的记载。后周因避周太祖郭威之讳，改左右街道门威仪为道录，应是可信的，而吴越国因尊后周为宗主而避讳改名，也在情理之中。考僧统为北朝设立的僧官，僧录是唐后期设立的僧官，后周和吴越道门威仪的改名，多半据此而来。

道门威仪自隋文帝始设为掌管京城道教事务的最高道官，在唐玄宗时重新得到恢复，并且在京城之外的地方和宫观也都广泛设立道门威仪，以加强对道教事务的管理和约束。唐元和中京城道门威仪分左右街设立，统领两街的最高道官称左右街道门威仪或两街威仪，至后

---

[1]《天台山志》，《道藏》第11册，北京：文物出版社、上海：上海书店、天津：天津古籍出版社，1998年，第94页。

[2]〔宋〕徐铉：《洪州奉新县重建阁业观碑铭》，《徐公文集》卷26，影印上海涵芬楼藏《四部丛刊》本，第359页。

[3]〔宋〕高承：《事物纪原》卷7，北京：中华书局，1989年，第382页。

周立国之前,道门威仪在后梁、前蜀、闽一直沿袭设立,后周和吴越因避讳而改名。入宋以后,道门威仪仍见载署置,但其职责已发生了根本的变化,两街道录成为宋代最高道官的新职名。

3 道门大德

唐初以道门大德管理道教

　　古代以"大德"尊称德行高尚的人,后世遂以"大德"泛称德行高尚、擅长经义的僧人,在著名高道的称号中,也常见冠以"大德"之名的。唐代以大德为僧官职位。唐初高祖时代不置僧署,曾以十位大德纲统僧务,大德的人数有一定的限额,凡有阙即补,成为定例,实际上已经具有了僧官的性质。[1] 唐玄宗时始有道官道门威仪之设,故此前的京城寺观道士等,可能也同佛教一样,是由一些道门大德"实纲统之"。唐代道教中获得"大德"称号的都是为帝王宠幸的著名道士,在道门中享有一定的权威。唐代的道门大德,也经常被授予一定的名位,或者赋予大德纲统道门事务的权力,故此唐代的道门大德也具有道官的性质。

　　唐代道门大德的职责主要是讲论教义或者三教论衡,这是皇帝经

---

[1] 谢重光:《中古佛教僧官制度和社会生活》,北京:商务印书馆,2009 年,第 102 页。

常在宫中举办的学术活动，也带有礼仪和学术讨论的性质。京城还聚集了许多道士开展道教的研究工作，道门大德实际上是其中的重要核心成员。唐玄宗诏编修道藏《一切道经》，任命道门大德为主修人员。唐玄宗御制《一切道经音义序》中记载："爰命诸观大德及两宫学士，讨论义理，寻绎冲微。"[1] 史崇所撰《一切道经音义妙门由起序》记载了当时参与编修道藏的诸多大德之名："大德京太清观大德张万福、大德刘静俨、大德田君楷、大德阮孝波、京玄都观主尹敬崇、大德京东明观主寇义待、大德京太清观法师孙文儁、大德时居贞、大德单大易、大德高贞一、大德张范、大德田克勤、大德范仙厦、大德宗圣观主侯元爽、大德东都大福唐观法师侯抱虚、上座张至虚、刘元良、大德绛州玉京观主席抱舟等，集见在道经，稽其本末，撰其《音义》。"[2] 由此可知，唐朝的道门大德在寻访道经、编修道藏等道教文化弘扬事业中做出了杰出的贡献。

道门大德的选授

唐代对大德的候选人有着严格的要求。《旧唐书》称："凡天下寺观三纲，及京都大德，皆取其道德高妙、为众所推者补充，申尚书祠部。"[3] 佛教和道教在京城俱有大德的任命，推举大德的任务是由鸿胪寺卿负责的，候选人必须是"道德高妙、为众所推者"，推举的大德最后报由尚书省祠部来审核，由此大德从一种僧人道士的尊号演

---

[1] 〔唐〕李隆基：《一切道经音义序》，《道藏》第24册，北京：文物出版社、上海：上海书店、天津：天津古籍出版社，1998年，第720页。

[2] 〔唐〕史崇：《一切道经音义妙门由起序》，《道藏》第24册，北京：文物出版社、上海：上海书店、天津：天津古籍出版社，1998年，第722页。

[3] 〔后晋〕刘昫等：《旧唐书》卷44，北京：中华书局，1975年，第1885页。

变成为唐代的僧道官。

除了按照上述程式推举之外,大德职位也有以皇帝钦赐的形式产生的,如唐睿宗时,昭成观尊师张若讷,"文明元年(684),属上皇上升,卒哭之日,沦言度人,尊师入道,常有规矩,举为大德"[1]。此后被赐予大德的道士渐多,以京城景龙观的大德最多。据《道家金石略》的统计,中宗景龙年间,景龙观即有大德曹正一[2];开元初,东京道门威仪张探玄诏补"西京景龙观大德",开元间,景龙观还有大德杨琬[3]。

开元年间,景龙观法师田仙寮,"择仙侣之疏明,奉祖庙之禋洁,以先生为大德,实纲统之"[4];僖宗"恩赐阳平山主吕延紫衣,仍补内殿焚修大德"[5]。此外唐代又有讲论大德、陪位大德、赐紫大德、供奉大德等称号,如道门威仪郄玄表曾为三教讲论大德[6],文宗开成年间,道士王云居"入道内供奉,讲论大德"[7],僖宗中和四年(884),"赐紫大德曹用言诏准斋醮"[8]。

从"诏补""补""举""纲统"等用词来看,"大德"之号并非仅为"尊宿"之称,而是遵从官吏选授制度、掌握一定实权的道门

---

[1] 《唐故昭成观大德张尊师墓志铭》,周绍良主编:《唐代墓志汇编》下,上海:上海古籍出版社,1992年,第1493页。

[2] 《岳岱观碑(十一)》,陈垣:《道家金石略》,北京:文物出版社,1988年,第99页。

[3] 《岳岱观碑(十六)》,陈垣:《道家金石略》,北京:文物出版社,1988年,第114页。

[4] 《题失》,周绍良主编:《唐代墓志汇编》下,上海:上海古籍出版社,1992年,第1522页。

[5] 〔唐〕杜光庭:《广成集》卷2,《道藏》第11册,北京:文物出版社、上海:上海书店、天津:天津古籍出版社,1998年,第242页。

[6] 周绍良、赵超主编:《唐代墓志汇编续集》,上海:上海古籍出版社,2001年,第892页。

[7] 《唐故文林郎守江州彭泽县尉王府君夫人清河郡张氏合祔墓记》,周绍良主编:《唐代墓志汇编》下,上海:上海古籍出版社,1992年,第2272页。

[8] 《仙都山阴君洞验》,《云笈七签》卷122,《道藏》第22册,北京:文物出版社、上海:上海书店、天津:天津古籍出版社,1998年,第848页。

官员。如果说早期的许多僧道大德,还能够严格地按照道德高妙的要求来产生,到了唐宪宗时,"大德"称号已不能反映僧道的实际名望,大德的产生也不受名额的限制,而且不再通过由鸿胪寺推举、祠部申报等程序来严格考核,僧尼道士如果能够得到帝王的垂青,就能轻易地获得"大德"的赐号。

《因话录》载:"元和以来,京城诸僧及道士,尤多大德之号。偶因势得进,则得补署,遂以为头衔,各因所业谈论。取本教所业,以符大德之目。"[1]由于受到世俗政治文化的影响,僧尼道士追求权势利益的风气日渐浓厚,许多僧人道士以大德为一种官衔名号,穿梭于宫廷衙门、王宫贵族之间,成为游走于政治权力之间的政治僧道。唐元和以来的大德,则不过是"偶因势得进"的投机僧道,从道德高妙者转而成为官僚政治的俘虏。至五代各国,仍见有道士被选充为大德的记载,如前蜀永平中宫中内大德施昭训参与皇家斋醮,后梁开平中闽国以王绍仙"充表赞大德"等。

道门教授掌管道教教育

除道门大德之外,唐代的道官制度中,还见有两街道门教授的设置,实际上也属于一种掌握实权的道门大德。唐代道学的地位再次提高,国家重视道教教育,仿效儒学教育新设道门教授一职,可能是掌管崇玄学等事务的道官职务,唐代仅有道士赵归真担任过这一特殊职务。唐敬宗宝历二年(826),以"太清宫道士赵归真充两街道门教授博士"[2],文宗时曾被流配岭南。武宗会昌四年(844)三月,又诏"以

---

[1] 〔唐〕赵璘:《因话录》,上海:上海古籍出版社,1957年,第94页。
[2] 〔后晋〕刘昫等:《旧唐书》卷17,北京:中华书局,1975年,第521页。

道士赵归真为左右街道门教授先生"[1]。会昌六年（846），赵归真因献丹毒死武宗，遂被杖杀，此后这一职务未见有再任的记载。

---

[1] 〔后晋〕刘昫等：《旧唐书》卷18，北京：中华书局，1975年，第600页。

4　宫观三纲

魏晋南北朝道制度建立之时,道教宫观已经普遍设立坛主、观主、馆主等为宫观主首,管理道门宗教事务与经济事务等。隋朝在京城建立了许多道观,隋文帝和隋炀帝曾分别一次性造观36所和24所,度道士数千人之多,此后文帝和炀帝的造观运动还在继续。开皇初,隋文帝于京城为王延造玄都观;开皇二年(582),隋文帝于益州立至真观;开皇六年(586),文帝为秦王俊立会圣观,为道士吕师立清虚观,为孙昂立清都观;开皇八年(588),道士焦子顺以术得幸,文帝为其立五通观;大业七年(611),炀帝为王远知诏造玉清玄坛;大业八年(612),炀帝为嵩高山道士潘诞造嵩阳观;等等。随着都市道观的兴起,道观也参与商业经济活动,促进了道观经济的繁荣,道观的宗教事务和社会事务更为繁杂,必然需要加强道观内部的管理。隋代的基层道官制度延续南北朝的传统,仍设观主为宫观主首,并由政府来任命。如开皇初,隋文帝在大兴城兴造玄都观,便任命道士王延为观主,主持观务。

唐代的道观较之于六朝和隋代，不仅出家人数更为众多，而且道观经济更为发达，形成了庄园地主性质的庞大世俗产业，道观巨大的产业管理需要，催生了道观管理制度的变革。唐初在道观管理制度上，延续六朝以馆（观）主、上座等为基层道官的传统，并适应道观组织扩大的需要，增设监斋，与观主、上座合为宫观三纲。《唐律疏义》规定："观有上座、观主、监斋，寺有上座、寺主、维那，是为三纲。"[1]三纲源自佛教寺庙的管理制度，南北朝时，汉地佛教寺庙即以寺主、上座、维那为寺院三纲，并由官府任命三纲为管理寺院的基层僧官。[2]

唐代宫观三纲以观主为首，有时也称法主、院主、洞主等。《通志》载玄宗时任命的观主有：崇福观主魏尊师、灵台观主张钦忠、华阳洞主王轨、太平观主王远知等。贞观年间，孟静素任京师至德观法主[3]；开元年间，张探玄曾任东都圣真、玄元两观主[4]；贞元年间，卜皓为泰山真君庙院主[5]等。观主有时称为知某观事，如乾元年间三原县道士毛致静知大化观事[6]。

上座又称长老、上腊、尚座、首座、上首，本为佛教寺庙中对年高望重者的尊称，随着基层僧官制度的建立，作为荣誉称号的上座也逐渐演变为执掌寺庙职务的三纲之一。南朝时上座已成为基层僧官的职位，南朝道馆也有上座之设。唐代宫观仿效寺职设置，于宫观设上座为三纲之一，地位仅次于观主。

---

[1] 〔唐〕长孙无忌：《唐律疏义》卷6，北京：中华书局，1983年。
[2] 谢重光：《中古佛教僧官制度和社会生活》，北京：商务印书馆，2009年，第26页。
[3] 《至德观法主孟静素碑》，陈垣：《道家金石略》，北京：文物出版社，1988年，第55页。
[4] 《张探玄碑》，陈垣：《道家金石略》，北京：文物出版社，1988年，第136页。
[5] 《岳岱观碑（二七）》，陈垣：《道家金石略》，北京：文物出版社，1988年，第168页。
[6] 《通微道诀碑》，陈垣：《道家金石略》，北京：文物出版社，1988年，第147页。

监斋原为宫观六职[1]之一，与高功、都讲合称"三法师"，主掌宫观斋醮等事。南朝陆修静所编《洞玄灵宝斋说光烛戒罚灯祝愿仪》称："监斋，其职也，司察众过，弹纠愆失，秉执科宪，随事举白，必使允当，不得隐溢。"[2]唐五代的《金箓大斋补职说戒仪》详列监斋的职责有二：一是监督科仪的进行，"总握宪章，典领科禁，纠正坛职，振肃朝纲"；二是纠正行仪人的错误，"周密察非，从容授简，有严有翼，毋滥毋堕，绳纠愆违。外能合礼，以全济济之仪；内不欺心，免抱忡忡之恨"。[3]《要修科仪戒律钞》引《升玄经》亦列举监斋秉执宪章的十项要求，其中除监督仪礼的进行外，还要监督供主和前来听经者等。

唐代的道教兴盛，斋醮活动频繁，由于监斋负有戒律威仪的特殊职责，监斋的地位渐渐变得极为重要。唐代在宫观管理方式上，尤其强调以内律加强对道士女冠的管理。随着基层道官扩充的需要，便升此种重要的斋仪执事监斋[4]为宫观三纲之一，以监斋监督道士女冠的行为规范，其地位仅次于观主、上座。宫观的监斋与佛寺三纲之一维那较为接近，均为主要寺观中执掌戒律的职位升迁而来，可见在基层寺观管理制度中，唐代的宗教管理政策较为强调僧道的自正自治。

唐代规定道观管理以三纲共同领导宫观事务。《唐六典》制曰："每观观主一人，上座一人，监斋一人，共纲统众事。"[5]《称谓录》

---

[1] 宫观六职：高功、都讲、监斋、侍经、侍香、侍灯。
[2]〔刘宋〕陆修静：《洞玄灵宝斋说光烛戒罚灯祝愿仪》，《道藏》第9册，北京：文物出版社、上海：上海书店、天津：天津古籍出版社，1998年，第825页。
[3]《金箓大斋补职说戒仪》，《道藏》第9册，北京：文物出版社、上海：上海书店、天津：天津古籍出版社，1998年，第75~76页。
[4] 除宫观设监斋，唐代道官中又有都监斋一职，或称都监，为道门威仪之副。
[5]〔唐〕李林甫等：《唐六典》卷4，北京：中华书局，1992年，第125页。

也有:"每观观主一人,上座一人,监斋一人,共摄众事。"[1]从"纲统众事""共摄众事"这些词语中,我们能够看出唐代的宫观事务,已经不再是由观主一人独断,而是由三纲共同管理,上座、监斋等道官的权力上升到与观主相当的地位。唐代基层道官制度中,以三纲共摄道门事务,是为了防止观主一人独断,平衡和制约宫观内部的管理权,更有利于政府对宫观事务进行辖制。

宫观的三纲制度以国家法律形式固定下来,观主、上座和监斋等皆是由政府任命的宫观管理者,既是宫观中修行出众的宗教领袖,也是政府任命的最基层的道官,按此"以教治教"的管理原则,此一宫观三纲制度,便成为唐代基层道官制度的定制之一。

宫观三纲通常精选众人所推举的道德高妙者为之,并经由官府的任命。《旧唐书》称:"凡天下寺观三纲,及京都大德,皆取其道德高妙、为众所推者补充,申尚书祠部。"[2]《唐六典》"鸿胪寺"条下也有相同的记载。宫观的三纲首先要由道众来推举"道德高妙者"充任,然后申报到尚书省祠部。唐代的祠部一度执掌僧尼道士的帐籍事务,故此宫观三纲的任命,也须申报并在祠部登记。虽然三纲是由道众所共举,但最后必须得到官府的认可,反映了唐代三纲所具有的官方色彩,而受政府领导和任命的三纲也应是最基层的道官。

唐代自玄宗后,许多官署部门都设检校官,宫观的三纲也不例外,并有检校观主、检校上座的职位。如景龙年间,张眘行任易州龙兴观检校观主[3];开元间,易州道士解升仙任检校上座[4];至德年间,绵州

---

[1] 〔清〕梁章钜:《称谓录》卷31,哈尔滨:黑龙江人民出版社,1990年,第611页。
[2] 〔后晋〕刘昫等:《旧唐书》卷44,北京:中华书局,1975年,第1885页。
[3] 《龙兴观道德经碑额并阴侧题名》,陈垣:《道家金石略》,北京:文物出版社,1988年,第98页。
[4] 《玄宗御注道德经》,陈垣:《道家金石略》,北京:文物出版社,1988年,第117页。

陈□□、雍行敷曾先后任检校西山观主[1]。唐代"检校"之官多为虚职，在宫观三纲设虚职，看来仅是作为名义上的宫观主首，实际的宫观管理者恐怕另有其人，或者为各种朝廷差遣的宫观使等俗官所代替，反映了唐代道官权力的逐步削弱和王权施政力量的不断加强。至五代时，官立宫观的三纲和宫观使仍沿袭唐制而设立。

---

[1] 《西山观造像题记》，陈垣：《道家金石略》，北京：文物出版社，1988年，第50页。

5　小结

　　隋唐五代的道官制度承袭北朝的传统，较为注重国家对道教事务的管理，同时吸收南朝道教自我管理的经验，故此建立了俗官和道官两套系统。从崇虚局到功德使，实际上都是以俗官来管理道教的，而道门教授、道门大德之设，则是委任道士管理道教事务，在基层官方宫观，则任命道士为三纲，以管理宫观道教事务。隋唐五代所建立的道官制度影响深远，隋文帝开始设立的道门威仪被唐代和五代沿用了300多年，唐代所建立起来的比较成熟的道官制度，又为宋代所沿袭。

四 宋代道官制度

入宋以来的近古社会,中国古代的政治结构和社会结构都发生了重大转型。随着社会政治经济的变革和调整,道教宫观经济和政教关系都呈现出新的时代特点。虽然在典章制度上宋承唐制,但宋代也推进了道官制度的大规模改革。其中,尤以元丰改制的影响最大。相应地,国家在宗教管理领域也有革新之举,反映道教政教关系的道官制度也进入了一个新的发展时期,呈现出新的时代特点。

1 左右街道录院

宋真宗开设两街道录院

北宋之前的历代道官，官方都没有为之单置衙署，南朝梁之大小道正，北周之道录等各级道官，隋唐五代之道门威仪、道门大德，皆在所住的宫观署事而已。北周时置左右街道录、左右街都监、左右街功德使。宋太祖以"五代以来，道流庸杂"，开始整顿道教并置道官。"乾德五年（967）右街道录何自守因事流配，乃诏莱州道士刘若拙为左街道录，俾之肃正道流。"太祖曾以左街道录与功德使共同负责考核道士，开宝五年（972）"十月又令若拙与功德使集京师道士试验，其学业至而不修饰者皆斥之"[1]。

至宋太宗太平兴国中，又增设了副道录等共8员道官。据《事物纪原》载："太平兴国中，增置副道录、都监、首座，通旧为八员，已上总知教门公事。"太宗"以道书鱼鲁未定，诏两街道录，选优学

---

[1] 〔宋〕李攸：《宋朝事实》，北京：中华书局，1955年，第107页。

者刊正"[1]。可见宋初两街道录,不仅负责道士的考核,还负有举荐道门人才的责任。

随着道教事务的增多和道官人数的增加,道官署事机构的开设也随之提到日程上来,由此开启了北宋时代道官制度的重大改革。真宗即位当年,便开设了京城道官的署事机构道录院,从此道官有了单立的办事机构。此举一方面反映了北宋时代增加了道官在道教管理事务中的实权,同时也体现了北宋以来中央集权制度的加强,朝廷努力将道官纳入国家官僚体系之中。

宋真宗大中祥符元年(1008)十月颁布《上九天司命上卿保生天尊号诏》:"上卿九天司命真君,幽赞高穹,财成元化,掌群生之命历,奠乔岳之灵区,属封祀之告虔,赖紫虚之降鉴,载瞻珍馆,聿荐明诚,爰举徽章,用伸昭报。宜尊懿号曰九天司命上卿保生天尊,设像于会真宫别殿,委道箓院具科仪以闻,仍令给事中冯起诣舒州灵仙观祭告。"[2]诏书中首次出现"道箓院"这样的机构,负责祭祀中的科仪等事。此处"道箓院"当为"道录院"的另一种写法。大中祥符二年(1009)三月真宗又颁布《令太常院道录院颁祠宇塑像衣冠制度诏》:"会真宫尊像、兖州诸观庙伏羲、文宪王祠宇塑像衣冠制度,宜令太常、礼院、道录院检详典故科仪颁下。"[3]北周已改道门威仪为道录,宋真宗在此基础上为在京道官置道录院,首次开设了道官衙门以处理道门日益繁多的事务,反映了宋代道教事业的日益繁荣,这也是真宗崇道举措的具体体现。

---

[1] 〔元〕赵道一:《历世真仙体道通鉴》卷48,《道藏》第5册,北京:文物出版社、上海:上海书店、天津:天津古籍出版社,1998年,第374页。

[2] 司义祖整理:《宋大诏令集》卷135,北京:中华书局,1962年,第473页。

[3] 〔清〕徐松:《宋会要辑稿》第2册,上海:上海古籍出版社,2014年,第987页。

道录院执掌及道官之员额

道录院初归礼部祠部司管辖，徽宗政和六年（1116）改隶秘书省，政和七年（1117），"始置提举秘书省道录院，以大学士至使相三孤充职，置管勾文字官二员，视殿中丞"[1]，主事的俗官称提举秘书省道录院或提举道录院，徽宗朝的蔡攸[2]、陈楠[3]、冯舒与[4]等，都曾提举道录院事。南宋时，道录院又改隶礼部祠部司。徽宗宣和元年（1119）改名道德院，后不久改回，其执掌的事务仍旧。道录院的执掌事务较为繁多，尤其在北宋真宗、徽宗崇道的时期。据《宋会要》载，道录院主要执掌在京及诸路宫观道士帐籍、斋醮科仪、道士考核、人才举荐、道书校定、道藏刊印、教务奏请等事。

据《宋会要》载，政和元年（1111），"资政殿大学士、知陈州邓洵武奏：乞选择道藏经数十部先次镂板，颁之州郡，道录院看详取旨施行"。政和七年（1117）"左右街道录院言：折可求奏乞降赐道教法物及《先天记》文字"[5]。可知道录院也负责道教法物和经书的颁降等事务。在政和七年林灵素导演的天降神书中，徽宗亦让道录院道官参与记录其事："二月甲子诏：通真先生林灵素于道箓宫宣谕青华帝君降临事，左右街道录傅希烈等皆作记上之。"[6] 当年四月，徽宗授

---

[1] 〔宋〕程俱：《麟台故事残本》卷1，影印上海涵芬楼宋本《四部丛刊》，第8页。
[2] 〔清〕张英：《御定渊鉴类函》卷91，影印文渊阁《四库全书》本，第984册，第388页。
[3] 〔元〕赵道一：《历世真仙体道通鉴》卷49，《道藏》第5册，北京：文物出版社、上海：上海书店、天津：天津古籍出版社，1998年，第385页。
[4] 〔宋〕徐梦莘：《三朝北盟会编》卷18，影印文渊阁《四库全书》本，第350册，第133页。
[5] 〔清〕徐松：《宋会要辑稿》第2册，上海：上海古籍出版社，2014年，第565页。
[6] 〔宋〕杨仲良：《皇宋通鉴长编纪事本末》卷127，第4册，哈尔滨：黑龙江人民出版社，2006年，第2144页。

意道录院册封自己为教主道君皇帝,"于是群臣及道录院上表册之"[1],配合徽宗上演了一出闹剧。

真宗崇道,章献明肃皇后亦曾受上清法箓,由道录院主持法事。据《章献明肃皇后受上清毕法箓记》所载,参与撰写青词的道录院道官就有"右街副道录知玉清昭应宫事同管勾左右街教门公事冲真大师赐紫臣李知损、左街都监寿宁观住持明真大师赐紫臣石知章"[2]等人。除此以外,道录院还负责皇家宫观住持人选的推选。真宗时天下各州建天庆观,大中祥符二年(1009),"知陈州冯承言:'当州建天庆观工毕,望下道录院选道流一人住持,仍于本州户绝或逃田内给充常住。'从之"[3]。徽宗宣和四年(1122)"三月丙子,诏诸路提举神霄宫,监司解发有道行、能行天心正法及拜章有应验道士,逐路各三两人,赴提学、道录院审察取旨"[4]。左右街道录院负责全国道士的科教声赞、规仪的培训,如徽宗政和二年(1112)"三月辛卯,诏诸路监司:每路通选宫观道士十人,遣发上京,赴左右街道录院讲习科道声赞规仪,候习熟,遣还本处"[5]。

宋初京城分左右街设道录、副道录、都监、首座等8员道官,真宗设立道录院后,京城道官的员额增至10名。《事物纪原》载:"天禧五年(1021)置首座、鉴义,分领本街事。"[6]即道录院的道官,按照左右街两部分置,各有道录、副道录、都监、首座、鉴义2员,其

---

[1] 〔清〕徐干学:《资治通鉴后编》卷99,影印文渊阁《四库全书》本,第343册,第812页。

[2] 〔宋〕朱自英:《章献明肃皇后受上清毕法箓记》,《道藏》第18册,北京:文物出版社、上海:上海书店、天津:天津古籍出版社,1998年,第43页。

[3] 〔清〕徐松:《宋会要辑稿》第2册,上海:上海古籍出版社,2014年,第573页。

[4] 〔宋〕杨仲良:《皇宋通鉴长编纪事本末》卷127,哈尔滨:黑龙江人民出版社,2006年,第2143页。

[5] 〔宋〕杨仲良:《皇宋通鉴长编纪事本末》卷127,哈尔滨:黑龙江人民出版社,2006年,第2144页。

[6] 〔宋〕高承:《事物纪原》卷7,影印文渊阁《四库全书》本,第920册,第197页。

中以左街道录职位最高，右街鉴义排次最末。与此相应，当时的京城僧官也设10员，依次为僧录、僧正、副僧录、讲经首座、鉴义各2员。神宗熙宁年间（1068～1077），道录院道官增至12员，即在左街道录之上又增加了都道录和副都道录各1员，也称左右街都道录、左右街副都道录，时任左街都监的陈景元奏称："在京道官一十二员，祖宗朝以京城内外宫观观主焚修勤绩者充。"[1]

政和八年（1118），徽宗下《改定道阶等御笔手诏》："道官九等，总司教事。都监之名，既已非正，又后别于道录，不称司存之目，名以定体，所宜趋正。今自都录而下，以知、同、签书为知事官之任，庶几名定实辨，政事斯举。"[2]诏书称道官九等，但所列的道官仍为十目。此次改道录院道官职名及原额，取消了左右街首座、鉴义4名道官，不再管教门公事。将道录院旧名的都道录等改为职事官，左街都道录、右街都道录、左街副都道录、右街副都道录、左街道录、右街道录、左街副道录、右街副道录、左街都监、右街都监分别改名为：知左右街道录院事、同知左右街道录院事、知左街道录院事、知右街道录院事、同知左街道录院事、同知右街道录院事、签书左街道录院事、签书右街道录院事、同签左街道录院事、同签右街道录院事，仍为10员。宣和七年（1125），徽宗诏"道录院道官品等一切指挥，并依元丰法"[3]，道录院除了10名职事官，其余皆为额外散职，如徽宗朝道士陈景元"于延祺殿召见，特转额外右街副道录"[4]。此中"额外右街副道录"即属

---

[1]〔宋〕薛致玄：《道德真经藏室纂微开题科文疏》卷1，《道藏》第13册，北京：文物出版社、上海：上海书店、天津：天津古籍出版社，1998年，第731页。
[2]《全宋文》第165册，上海：上海辞书出版社，2006年，第308页。
[3]〔宋〕杨仲良：《皇宋通鉴长编纪事本末》卷127，哈尔滨：黑龙江人民出版社，2006年，第2141页。
[4]〔宋〕薛致玄：《道德真经藏室纂微开题科文疏》卷1，《道藏》第13册，北京：文物出版社、上海：上海书店、天津：天津古籍出版社，1998年，第730页。

此类。

徽宗宣和三年（1121）"庚午，令三京置女道录、副道录各一员"[1]。宋朝以东京开封府（今河南开封）、南京应天府（今河南商丘）、西京河南府（今河南洛阳）为三京，徽宗从枢密院直学士提举秘书省并左右街道录院蔡攸的奏请，在三京增置的"女道录、副道录"，似为专门以女性道官充任的新职位。女性道官在汉末的天师道教团中即有设置，彼时称天师道的女性祭酒为女官，南北朝天师道仍有女官，东晋上清宗师魏华存就是当时的祭酒女官，此后女性道官已十分罕见。徽宗朝设立的女道录，恢复道教女官的传统，是宋代道官制度中的独特之处。

道录院的著名道官

宋代道录院的道官，多以当时的道教大德领袖充任，以俾肃正道流。如太祖乾德五年（967）诏莱州道士刘若拙为左街道录。刘若拙，蜀人，生于唐末，五代后唐中至崂山修道，"善服气养生，九十余岁不衰，步履轻捷，每水旱，必召于禁中致祷，其法精至，上甚重之"[2]。诏为左街道录，封华盖真人，著有《三洞修道仪》等。又传《高上大洞文昌司禄紫阳宝箓》："宋太宗景德中，周良辅受此箓于莱州道士刘若拙，'寝逐群鹿，为鹿所践，毙路中，寝惊，其年登科，官至帅臣'。"[3]

北宋陈抟学派的著名道士陈景元，字太虚，建昌府南城人，从天

---

[1]〔清〕徐干学：《资治通鉴后编》卷101，影印文渊阁《四库全书》本，第344册，第20~21页。
[2]〔宋〕李攸：《宋朝事实》卷7，北京：中华书局，1955年，第107页。
[3]〔元〕赵道一：《历世真仙体道通鉴》卷48，《道藏》第5册，北京：文物出版社、上海：上海书店、天津：天津古籍出版社，1998年，第372页。

台山张无梦学道，北宋初居京城醴泉观，神宗熙宁中，在普天大醮中撰青词以进，称善得旨，赐号真靖大师，他校正道书，勤勉著述，注《道德经》《南华经》等道书，发挥道教义旨，与王安石、王珪等人为方外之友，相交甚厚，为北宋道教学术集大成者。"熙宁五年（1072），进所注《道德经》，御札批降中书云：陈景元所进经，剖玄析微，贯穿百氏，厥旨详备，诚可取也。其在辈流，宜为奖论，特充右街都监同签书教门公事。羽服中一时之荣，鲜有其比。"[1]庐山葬亲后还京，命主太乙宫，累迁左右街副道录等。陈景元以道门英才任道录院道官，其品德才华为道门之表范，为道教事业做出了重要的贡献。

北宋另一著名道士贾善翔，字鸿举，号蓬丘子，蓬州（治今四川蓬安）人，善谈笑，好琴，嗜酒，尝与苏东坡交游，著有《南华真经直音》《犹龙传》《高道传》《太上出家传度仪》等，哲宗时曾任左街都监同签书教门公事，赐号"崇德悟真大师"。贾善翔常为皇家主持斋醮科仪，又善讲《度人经》，哲宗皇帝绍圣五年（1098），"有旨就（太清）宫开建金箓道场一月□日……命左街都监道士贾善翔率其属从事。善翔尝至太清宫，众请讲《度人经》，至说经二遍，盲者目开"[2]。

徽宗访求天下道书，时道士刘元道喜读《道藏》并诸子书，才华出众，得以选入书艺局校定道书，此后升迁为道录院道官。"宋徽宗初兴道教，诏天下搜访道家遗书，就书艺局令道士校定，元道首与兹选。自是稍迁签书道录院事，以至左右街道录，无不遍历，官至太虚大夫蕊珠殿

---

[1] 〔宋〕薛致玄：《道德真经藏室纂微开题科文疏》卷1，《道藏》第13册，北京：文物出版社、上海：上海书店、天津：天津古籍出版社，1998年，第730页。

[2] 〔宋〕谢守灏：《混元圣纪》卷9，《道藏》第17册，北京：文物出版社、上海：上海书店、天津：天津古籍出版社，1998年，第881页。

校籍，绳校之外，未尝更革一事以动人，士大夫多以此喜之。"[1] 刘元道自签书道录院事，一直升迁至左右街道录，还被授予道士官阶太虚大夫蕊珠殿校籍，可谓当时道门中的佼佼者。

《虚静冲和先生徐神翁语录》记载了北宋时著名道士徐若虚与道官们的往来逸事："元符三年（1100）秋，道士许若谷、徐若虚等数人从公行殿庑间，公忽谓许曰：尔不可压徐师。许惶恐而避，时许为道监，徐在众列。至政和间，徐被命为右街都监，而许为道正。宣和初，许授金坛郎，而徐除凝神殿授经签书左街道录院事，再迁凝神殿校籍。"[2] 道士徐若虚自右街都监升迁为签书左街道录院事，正处于徽宗改革道录院官制之际，道士品阶带衔亦此时而定。

对徽宗时代道教发展有重要影响力的道士徐知常，字子中，建阳人，"旧尝有瘖疾，遇异人，得修炼之术，却药谢医，以至引年，白发红颜，真有所得……能诗，善属文，凡道儒典教，与夫制作，无不该晓，脱略时辈，萧然老成，有士君子之风"[3]。徽宗命为左街道录，太学博士范致虚素与徐知常交好，且宋徽宗崇信道教，对当时道教发展起了很大作用。杨仲良《皇宋通鉴长编纪事本末》载："道教之兴，自左街道录徐知常供元符皇后符水有验，被宠遇。"[4] 政和三年(1113)三月，"左街道录观妙元明真虚一大师徐知常特授冲虚先生"[5]。

---

[1] 〔元〕赵道一：《历世真仙体道通鉴》卷51，《道藏》第5册，北京：文物出版社、上海：上海书店、天津：天津古籍出版社，1998年，第395页。

[2] 〔宋〕苗希颐：《虚静冲和先生徐神翁语录》卷下，《道藏》第32册，北京：文物出版社、上海：上海书店、天津：天津古籍出版社，1998年，第410页。

[3] 《宣和画谱》卷4，影印文渊阁《四库全书》本，第813册，第94页。

[4] 〔宋〕杨仲良：《皇宋通鉴长编纪事本末》卷127，第4册，哈尔滨：黑龙江人民出版社，2006年，第2143页。

[5] 〔宋〕杨仲良：《皇宋通鉴长编纪事本末》卷127，第4册，哈尔滨：黑龙江人民出版社，2006年，第2143页。

宋时茅山派影响较大，当时不少道录院的道官就出自茅山。政和七年（1117）参与徽宗降书的左右街道录傅希烈，就是茅山道士。宣和六年（1124）"碧落郎凝神殿校籍、同知右街道录院事、管辖江宁府玉晨观臣丁安行"上奏给徽宗"乞封五真人奏札"，作为茅山道士，丁安行"欲望圣慈特以杨、郭、许、陶众真，并依三茅真君例，就今仙职，加崇美号"。[1] 徽宗准奏封五真人诰命。茅山佑圣观道士司徒师坦，据《三茅真君加封事典》，其在淳祐九年（1249）正月以右街鉴义升转左街道录，尚书省有牒："特赐洞微先生右街鉴义主管教门公事佑圣观虚白斋高士司徒师坦牒：奉敕宜特转左街道录主管教门公事。牒至准敕，故牒。"[2] 不过司徒师坦并不贪恋道官之荣，便上奏了《辞免道录表》，但圣旨再降不准辞免，于时只好就任。

《茅山志》还记载了南宋理宗宝庆元年（1225），尚书省给茅山道士易如刚的牒："尚书省牒：左右街都道录主管教门公事太一宫都监兼高士易如刚奏，么微野人顷在茅山，于庆元改元，蒙恩召充太一宫高士并都监住持，专任祈祷。每藉君相，为国爱民，靡不昭格，越今三十余年，褊除道阶。昨于嘉定六年，蒙恩特赐通妙先生。续于嘉定十四年，得旨降香设醮茅山。讫事回奏，乞老还山。恭奉御笔：高士易如刚祈祷有功，未应告老，宜加显锡以重眷留，特赐通妙葆真先生。今缴连宁宗皇帝御书二轴，伏望尚书省特颁敕命，旌表名山，以重祈祷。伏候指挥。"[3] 易如刚自南宋宁宗庆元元年（1195）至嘉定十四年（1221）

---

[1] 〔元〕刘大彬：《茅山志》卷4，《道藏》第5册，北京：文物出版社、上海：上海书店、天津：天津古籍出版社，1998年，第572页。

[2] 〔元〕张大淳：《三茅真君加封事典》，《道藏》第3册，北京：文物出版社、上海：上海书店、天津：天津古籍出版社，1998年，第333页。

[3] 〔元〕刘大彬：《茅山志》卷4，《道藏》第5册，北京：文物出版社、上海：上海书店、天津：天津古籍出版社，1998年，第572页。

在临安太一宫任住持，专为皇室祈祷，累迁至左右街都道录，主持在茅山的降香设醮等事，为南宋茅山道士中特别具有影响力的道教领袖人物。南宋理宗时阁皂山道士杨至质，曾任道录院右街鉴义，也是当时道门的杰出人才，杨至质工诗，时人多称之，著有《竹宫表制》一卷、《勿斋集》二卷，四库馆臣的提要云："至质，字休文，号勿斋，阁皂山道士。淳祐中，敕赐高士右街监仪主管教门公事，是集皆其四六书启，多与一时当事酬答之作，其兼领旌德观都监。"文中的"监仪"应系"鉴义"之误。

宋代皇室崇奉三茅真君为护国神明，徽宗、理宗两次加封，茅山派宫观和道士亦深受重视。南宋临安的三茅宁寿观处太庙之侧，作为南宋皇家宫观，三茅宁寿观的主要任务即为皇室祈福，南宋高宗时，宦官刘敖，修道出家，赐名能真，被命为左右街都道录。陆游《行在三茅宁寿观碑》载："（高宗）又命中贵人刘君敖典领，置吏胥，给清卫兵，略用大中祥符故事。后十年，敖遂请弃官，专奉宁寿香火，诏如所请，赐名能真，改左右街都道录，仍领观事，实又用至道中内侍洪正一故事。"[1] 刘能真跟随上清灵宝大师王契真学道，与东华派创始人宁全真为同门，但《灵宝领教济度金书嗣教录》载："左街道录刘能真，初嗣先生上清灵宝大法，眷宠两朝。以先生上章之验，恶其压己，嫉妒不平，于是有杀羿之心，大兴谤讪。……斯人也，开山御前三茅观，内渡以来，传道最先。背师若是，诚恶逆之子也。"[2] 宦官出身的刘能真，算是宋代道录院道官中名声极差的一位了。

此外，宋代担任过道录院道官的著名道士还有：苏州道士李若济，

---

[1]　〔宋〕陆游：《渭南文集》卷16，《四部丛刊》影印江南图书馆藏明华氏活字本，第296~297页。
[2]　〔宋〕宁全真授，林灵真编：《灵宝领教济度金书嗣教录》，《道藏》第7册，北京：文物出版社、上海：上海书店、天津：天津古籍出版社，1998年，第18页。

其曾任左街道录，淳熙三年（1176）奉命建苏州天庆观；龙虎山上清宫道士留用光，光宗时曾拜上清宫主管教门公事，管辖龙虎山上清正一宫，赐号冲靖先生，后升左街道录擢太一宫都监；茅山道士上官德钦，在宁宗嘉定中任左街鉴义；茅山三十九代宗师架岩先生景元范，开庆元年（1259），召为龙翔宫高士，历左右街鉴义；嘉定中，明素大师陈永年俾都监右街鉴义主管教门公事；高宗时，洞霄宫道士陈希声，授右街鉴义，俾主洞霄宫；洞霄宫道士李洞明先是主宁寿观，未几还山，高宗授右街道录；赤松山道士吴养浩，理宗时主太乙宫，积阶至右街道录。

2　地方道正司

宋代在京城设道录院置道官署事，在南京、西京也各置道录、副道录一员，其他地方和道教名山则置道正司以掌地方道门事务。在州府军监称管内道正司，在山称山门道正司。唐五代时地方道官即有管内道门威仪和山门威仪之设，入宋后改革道官制度，设官置司，改威仪为道正，建立了新的地方道官体系。考道官道正之设，始于南朝梁武帝时，在京城设大道正，在各州郡设小道正，以管理道教事务。隋唐五代废道正而代之以道门威仪，北宋又恢复了道正之官，道官职名历经曲折演变而朝廷所赋予道官的职责仍不外乎肃正道流，以利王化。

宋代地方各州因重要程度的差异，道正司的员额也不相同，徽宗宣和三年（1121）"节镇置道正、副，各一员。余州置道正一员"[1]。《宋史》："中兴诸州升改节镇，凡十有二。是时诸将勋名，有兼两镇三镇者。"宋代节镇即设立节度使的十二个要冲大郡，节镇的道正司置道正和副道正各一员，其他普通州道正司仅置道正一员。至于山

---
[1] 〔清〕徐干学：《资治通鉴后编》卷101，影印文渊阁《四库全书》本，第344册，第20~21页。

门道正司，除了道正或都道正外，还设有山门道判、道监的职位，应为道正之佐贰。如仁宗庆历二年（1042）茅山崇禧观碑记，署名就有一位"山门道判兼管观事赐紫孟子宣"[1]。地方道正司一般不设专署，附于道官所在的宫观署事。

管内道正司

管内道正司一般设置在辖区内较大的宫观中，如各州的天庆观等，而都道正一般也兼任本观的住持，是本地有影响力的道门领袖人物。管内都道正的设置，最早见于北宋太宗时期。据端拱元年（988）何缵所撰《重修邢州龙兴观道德经台记》，在众多的立石人中就有"管内都道正左街焚修大德杨奉仪"[2]。

作为地方道官，管内都道正常常要负责辖区内宫观的修建、申请观额等教门事务，因此宋代碑石常常能够见到这些道官留下的名录。据徽宗政和八年（1118）泰山《升元观赐额牒》，署为"袭庆府管内都道正兼权措置知升元观事洞元大师赐紫道士李冲寂立石右"[3]。升元观在泰山东南麓，属袭庆府所辖，李冲寂以袭庆府管内都道正的身份，兼知升元观事。道正兼任署事宫观的住持，这是宋代地方道正司的常例。

管内道正司负责处理辖区的宫观事务，有时因度牒、科敷、赋税等事不免与地方官员往来。据《玄妙观志》所载"尚书省札并部符使贴"，南宋理宗端平元年（1234），平江府管内道正司都道正主管教门事知

---

[1] 〔元〕刘大彬：《茅山志》卷25，《道藏》第5册，北京：文物出版社、上海：上海书店、天津：天津古籍出版社，1998年，第659页。
[2] 《全宋文》第132册，上海：上海辞书出版社，2006年，第59页。
[3] 〔清〕顾炎武：《求古录》，影印文渊阁《四库全书》本，第683册，第666页。

天庆观兼管辖住持事陈天一，为争取道门的权益，状告地方官府科卖度牒追扰逼勒天庆观，经户部裁断下贴平江府并两通判厅，得以豁免科敷科卖。[1]真宗朝天下各州建天庆观，元代改为玄妙观。今苏州玄妙观尚存南宋淳熙三年（1176）天庆观石柱题字一通，上刻"管内都道正知天庆观"[2]的字样，可知苏州玄妙观自南宋时一直作为平江府管内道正司的署事之所。

宋真宗时代各州所建的天庆观，都是各地方与官方联系的核心宫观，因此地方道正司署事天庆观并成常例。据《海琼白真人语录》所载，南宗祖师白玉蟾的弟子林伯谦，曾任福州天庆观住持管辖兼都道正。[3]当然除了天庆观之外，地方重要的宫观也常作为道正司的署事之所，如南宋淳祐年间，施岑编的《西山许真君八十五化录》后记撰文者署名为"灵宝大师管内都道正知逍遥山玉隆万寿宫孙元明"[4]，可知这位隆庆府的管内都道正孙元明，同时又兼任逍遥山玉隆万寿宫的住持。

地方道正司负责沟通官方与各宫观的联系，凡道士帐簿、查验度牒、宫观赐额、教务指导、修建宫观等事，皆是道正司分内之事。宋神宗熙宁年间（1068～1077），苏东坡在任杭州时，"据管内道正钱自然状，乞将临安县祖先置到产业，每年收掠赁钱一千三百五十四贯，修葺诸处坟庙"[5]。这位管内道正钱自然还将自家产业租金用于修建杭州各处坟庙，大概也算是尽职尽责了。

---

[1] 〔清〕顾沅：《玄妙观志》，民国十七年铅印本，第90页。

[2] 陈从周：《梓室余墨》，北京：三联书店，1999年，第363~364页。

[3] 〔宋〕白玉蟾：《海琼白真人语录》卷2，《道藏》第33册，北京：文物出版社、上海：上海书店、天津：天津古籍出版社，1998年，第119页。

[4] 〔宋〕施岑：《西山许真君八十五化录》，《道藏》第6册，北京：文物出版社、上海：上海书店、天津：天津古籍出版社，1998年，第840页。

[5] 〔宋〕苏轼：《东坡全集》卷58，影印文渊阁《四库全书》本，第1107册，第828页。

当然有时道正司官也参与道教权益的斗争,南宋绍兴年间临安府都道正刘若谦参与当时的佛道位序之争。据赞宁撰《大宋僧史略》载,绍兴十三年(1143),临安府都道正刘若谦与临安府僧正慧通无碍大师梵安就立班序位之事,相互不服,上诉至礼部,经太常寺并礼部勘合,最终按照"祖宗旧法"确定了道先佛后之序位[1],为道教争取了政治地位。

宋代道官制度对当时地处广西等地的南汉政权也有深远的影响,南汉也仿照宋代道官制度在各州设管内道正,如大宝七年(964),栖真观正一道士王归一担任容州的管内道门道正与僧人参与灵景寺的祝圣赞斋[2]。

山门道正司

宋代山门道正司的开设,所见主要有龙虎山、赤松山和茅山,龙虎山为正一派天师府所在地,赤松山为神仙黄初平修道之处,而茅山是上清派的祖庭,故此地位非比寻常道教名山和宫观,开设山门道正司以示地位之尊。据全祖望所撰《鲒埼亭集》,载有一篇《宋龙虎山门道正王道坚牒跋》,其牒敕为徽宗时宰相蔡京所颁,可知宋代龙虎山曾设有"山门道正"[3]。

又据《金华赤松山志》载"冲和先生周君传",周大川"字巨济,号澄斋,本郡人也。自幼入道,潜心宗风,承恩后有术者相之曰:此

---

[1] 〔宋〕赞宁:《大宋僧史略》卷3,《大正新修大藏经》第54册,台北:新文丰出版社,1973年,第256页。

[2] 《灵景寺庆赞斋记》,陈垣:《道家金石略》,北京:文物出版社,1998年,第213页。

[3] 〔清〕全祖望:《鲒埼亭集》卷38,影印上海涵芬楼藏《四部丛刊》原刊本,第803页。

人必可一言悟主。及年德俱备，宁庙闻其名，乃诏入觐，馆于高士堂，寻奉万寿香火，上甚礼貌之，乃为家山申请免和买杂敷，仍立山门道正司"[1]。金华赤松山为道教三十六洞天之一，东晋赤松子黄初平修道之处，但赤松山起初并无山门道正司，宁宗因周大川而新立山门道正司。

文献所见宋代的山门道正，以茅山记载的资料最为丰富，而且茅山山门道正司正官皆称都道正，地位比一般山门道正要高。据《茅山志》所载，北宋哲宗绍圣三年（1096）十月八日的碑石，立石人有"山门都道正上清三景法师住持赐紫笪净之"[2]，又有"傅霄，字子昂，晋陵人。博古明经，善书，尤精隶古，由儒入道，隶居常州天庆观。高宗召主太一宫祠，乞还茅山，赐号明真通微先生，领山门都道正，住持玉晨观"[3]。南宋高宗绍兴年间（1131～1162），傅霄仍领山门都道正[4]。

南宋理宗时茅山山门道正司署崇禧观，是茅山的官修道观之一，称御前崇禧观，在淳祐九年（1249）理宗加封三茅真君事典中，山门道正司前后筹划此事，又"谨置典册，具载仪礼节次，及将告命分赉三峰，宣扬宝器，交付山门道正司崇禧观，永镇名山，仰延睿算"[5]。时"特赐冲靖明真微妙大师特差充茅山山门道正权知崇禧观管辖本山

---

[1] 〔宋〕倪守约：《金华赤松山志》，《道藏》第11册，北京：文物出版社、上海：上海书店、天津：天津古籍出版社，1998年，第75页。

[2] 〔元〕刘大彬：《茅山志》卷25，《道藏》第5册，北京：文物出版社、上海：上海书店、天津：天津古籍出版社，1998年，第663页。

[3] 〔元〕刘大彬：《茅山志》卷16，《道藏》第5册，北京：文物出版社、上海：上海书店、天津：天津古籍出版社，1998年，第622页。

[4] 《太上太清天童护命妙经》，《道藏》第11册，北京：文物出版社、上海：上海书店、天津：天津古籍出版社，1998年，第370页。

[5] 〔宋〕张大淳：《三茅真君加封事典》卷上，《道藏》第3册，北京：文物出版社、上海：上海书店、天津：天津古籍出版社，1998年，第343页。

诸宫观赐紫臣张大淳"[1]编有《三茅真君加封事典》，收录在《正统道藏》中。除此之外，当时参加加封事典的还有"灵宝大师敕差茅山都道正知崇禧观管辖本山诸宫观叶晞彭"[2]。茅山因事典重大而同时设两位都道正以示隆重，由官方"特差"或皇帝"敕差"，不比寻常。

提举宫观不隶道正司

宋代的道教宫观，主要分皇家宫观和普通宫观，其中皇家宫观主要为皇室斋醮科仪和祭祀服务，地方皇家宫观不属道官管辖，而由地方诸路长官提点管理。重和元年（1118）六月，徽宗诏"天下神霄玉清万寿宫并不隶道正司，令诸路提举管勾。……知州军带管勾字，通判带同管勾字"[3]。同年八月再次下诏："诸州、军神霄玉清万寿宫，仰本路提举漕臣于逐州、军并县镇选择寄居宫观年六十已下，通判以上人一员申尚书省，就差管勾本宫，专切检察本宫事务。"[4]仍然需要地方长官来提点监督宫观的事务。

宋代的普通宫观皆设主首，称观主、宫主、知观、知宫等，但皇家在京以外的宫观除了常住的道士住持之外，还专门设立了以朝官担任的宫观使和宫观提举。《群书考索》载："大观元年（1107），尚书右仆射赵挺之充徽宗建玉清神霄万寿宫，以宰执兼使，副用真庙故

---

[1] 〔宋〕张大淳：《三茅真君加封事典》卷上，《道藏》第3册，北京：文物出版社、上海：上海书店、天津：天津古籍出版社，1998年，第332页。

[2] 〔宋〕张大淳：《三茅真君加封事典》卷上，《道藏》第3册，北京：文物出版社、上海：上海书店、天津：天津古籍出版社，1998年，第336页。

[3] 〔宋〕杨仲良：《皇宋通鉴长编纪事本末》卷127，第4册，哈尔滨：黑龙江人民出版社，2006年，第2139页。

[4] 〔宋〕杨仲良：《皇宋通鉴长编纪事本末》卷127，第4册，哈尔滨：黑龙江人民出版社，2006年，第2140页。

事也。近以宰执奉朝请者，领在京宫观使，而在外旧相只除提举宫观，非祖宗优待宰相之体。提举宫观：宫观置提举自康定始。康定元年（1040）李若谷罢、参知政事留京师，以资政殿大学士为提举会灵观事，宫观置提举自此始。自是学士待制知制诰，皆得为提举。"[1]

  宫观使制度始自唐代，是朝廷差遣朝官兼理皇家宫观的建造、维修、斋醮等事务的特殊宫观管理制度。宋神宗熙宁以前的提举宫观都实领其事，至神宗，为优老礼贤而大量置宫观提举以安置老弱病残的官员，领俸而不任事，形成宋代特有的祠禄官制度，凡致仕朝臣皆得以提举宫观以示优礼，但王安石变法中的反对派官员亦多被安置提举宫观，而多数提举实际上并不真正管理所领的宫观。

---

[1]〔宋〕章如愚：《群书考索》卷6，影印文渊阁《四库全书》本，第937册，第82页。

3　道官品阶和铨选

道官之品阶

宋承唐制，官制多沿袭唐代旧制，在继承的基础上也有新的改革。《宋史·职官志》言："官人授受之别，则有官、有职、有差遣。官以寓禄秩、叙位著，职以待文学之选，而差遣以治内外之事。其次又有阶，有勋，有爵。"宋徽宗尊崇道教，道官地位相应提升，除了赐以紫衣、师号外，并参照文官设置了相应的道阶。政和四年（1114）"置道阶凡二十六等，先生、处士、八字、四字、二字、视中大夫至将仕郎而不给奉"[1]，"皆给告身印纸，经道录院磨勘功过，注授、加官、差遣、入品、用荫，如命官法"[2]。《云麓漫钞》云：

> （政和）八年置道官视品：六字、四字、二字先生；六字法师：太虚、清虚、紫虚、碧虚、冲虚大夫视卿监。四字、

---

[1] 〔宋〕陈均：《九朝编年备要》卷28，影印文渊阁《四库全书》本。
[2] 《宣和遗事》前集，北京：中华书局，1985年，第15页。

> 二字法师：太素、元素、正素大夫视正郎，太虚、清虚、紫虚郎视员郎，碧虚、冲虚、太素郎视升朝，元素、正素、翠微、碧落郎视京官，左华、右极、琼台、南昌、南华、丹林、金坛郎视选人，冲和、葆光、燕颐、蕊珠、凝神殿侍晨视待制，葆光、燕颐、蕊珠、凝神殿校籍视殿撰，燕颐、蕊珠、凝神殿授经视修撰，又有校仪名品。[1]

徽宗尊崇道教，道官品阶视同文官设置，名目极多。重和元年（1118）徽宗又御书改定道官制度，将道录院司事道官分为九等，其额外道官亦各有品阶。当时的儒家官僚对道官授予品阶颇不能接受，监察御史胡舜陟就曾上书激烈反对给道官授以品阶，并历数其弊："仰惟太上皇帝崇奉道教，奖借羽流，尝降旨立，视官之法，宠以虚名。他事不容其比拟，圣意断可识矣。名品既定，侥幸渐萌，陈乞百端，遂同文阶入杂压，封赠其父母，奏补其亲属，身死有遗表恩泽，坐立与从官争席，其家得为官户，其亲得以用荫。"[2] 道官给予品阶的政策施行了没多久，至宣和年间便被废除了。

道官之铨选方式

宋代道官视同文官，但铨选却非通过吏部，而有特殊的选官途径。《宋会要》："先是道官上令功德使选定迁补，所置或非其人，多至谤议。"宋初道官制度尚未完备，皇帝令功德使铨选道官，但结果往往并不如意，因此真宗朝开始以试经的方式铨选僧道官。但以考试选补道官的

---

[1] 〔宋〕赵彦卫：《云麓漫钞》卷14，沈阳：辽宁教育出版社，1998年，第147页。
[2] 〔宋〕汪藻：《靖康要录》卷4，影印文渊阁《四库全书》本，第329册，第494页。

方式并未坚持下来,至神宗元丰三年(1080),"右街道录张居善等乞:自今补道职,试《道德经》《灵宝度人经》《南华真经》等义,并宣读斋醮科仪祝读等为兼经。依迁补僧职差官考试。从之"[1]。再次恢复了以考试的方式铨选道官。徽宗时代,铨选道官仍由道录院组织考试,拣选人才,以备差遣。

> 政和六年(1116),以通真善演、修文辅教、说经谈论、书符咒水、修真养命、诗书琴乐、煅炼金石七科铨择道士,许直以所学自陈道录院,考试一科合格,即保明解礼部审试,得实给牒补充本科出身,以备差遣。[2]

如果说以考试铨选道官为正途,则皇帝特旨降授道官,当属非正常途径的特例。但徽宗朝以来,因皇帝崇道而御札特差的道官并不少见,致使道官数量超过道录院原定的员额,只好增设额外职位,尤其以最低一阶的守阙鉴义最为常见,额外道官作为候补道官,遇有阙职,依次递补。

此外,道官的铨选迁授方式,还有中书省宣敕除授的途径,奉敕给牒,也是较为常见的。元丰改制后,由尚书省宣授敕牒成为定制。南宋理宗时所编的《三茅真君加封事典》保存了一份尚书省迁转道录院左街道录的敕牒。

> 敕黄
>
> 尚书省牒

---

[1] 〔宋〕李焘:《续资治通鉴长编》卷309,影印文渊阁《四库全书》本,第319册,第295~296页。
[2] 〔宋〕赵彦卫:《云麓漫钞》卷14,沈阳:辽宁教育出版社,1998年,第148页。

  特赐洞微先生右街鉴义主管教门公事佑圣观虚白斋高士
司徒坦奉
  敕宜转左街道录主管教门公事
  牒至准敕
  故牒
  淳祐九年二月□日
  签书枢密院事兼参知政事谢（押）
  同枢密院兼权参知政事应（押）
  枢密使兼参知政事赵（押）
  太傅右丞相越国公（押）

  地方道正司道官的产生，一般是由地方长官所推选上奏任命的。据徐铉撰《洪州道正倪君碣》，洪州道正倪少通，"由是牧守嘉尚，道俗依凭，为本州道正，乃知太一观事"[1]。地方官掌握着道正司官员的任命，其主要依据仍然是品德和道行。《相山集》载："道士任致明，予之里人，庐为淮西帅府而管内道正久阙，绍兴二十六年桐庐姜侯秘监被命出牧，下车未几，令其徒推择有道行可以为众所服者，远迩莫如任贤，牒无为以礼，敦遣至则领道正事，为之植僵兴。"[2] 庐州为淮南西路的治所，但管内道正司一直没有任命，直到绍兴二十六年（1156）才由地方官选道士贤能者任致明担任此职。

  实际上，对于地方僧道官的铨选和任命，国家早有相应的法令。据《永乐大典》，真宗大中祥符二年（1009）十一月诏："诸州僧道依资转至僧道正者，每年承天节前具所管僧道及寺观，分析为僧道正

---

[1] 〔宋〕徐铉：《徐公文集》卷27，影印上海涵芬楼藏《四部丛刊》，第378页。
[2] 〔宋〕王之道：《相山集》卷23，影印文渊阁《四库全书》本，第1132册，第703页。

已来年月、岁数、名行、有无过犯，开坐以闻……八年七月，诏今后诸州军监僧道正有阙，委知州、通判于见管僧道内从上选择，若是上名人不任勾当，即以次拣选有名行经业及无过犯、为众所推、堪任勾当者，申转运司体量诣实，令本州军差补勾当讫奏。"[1] 起初地方僧道正的任职考核，需要考察地方僧道和寺院的民意来确定升迁与否，后改为地方长官的知州、通判从本地僧道中拣选差补上奏即可。

南宋《庆元条法事类》对于地方僧道官的铨选有了更为明确的规定："诸州僧道正阙，副正递迁，如无或不应迁，即以次选有行业、无私罪、众所推服者充。七年无私罪，本属保奏。诸僧道正、副及寺观主首、主事应补差者，本州给贴。"[2] 这种由地方官推举、降敕差补的方式成为地方道官的主要铨选方式。如南宋绍兴中，四明山道士陈思远"澄心炼气，得黄老之真风，驱役鬼物，灵迹有不可掩盖者……发运使以闻，敕差明州管内副道正"[3]。又绍兴二十八年（1158）立石的《万州妙庭观岑洞碑》，署为"冲妙大师前敕差充万州道正主管教门公事赐紫臣冉通明立石"[4]。但也有一些是因特殊情况由中央政府直接选授的。如太宗淳化五年（994），盩厔县张守真导演了翊圣真君降书事件，以上清太平宫宫主的身份，"被制授凤翔府管内道正"[5]。这是由尚书省以制授五品以上官员的方式任命道官的特例。

---

[1]〔明〕解缙、姚广孝等：《永乐大典》卷8706，明嘉靖隆庆间内府重写本，第8页。
[2]〔宋〕谢深甫监修：《庆元条法事类》卷50，台北：新文丰出版社，1977年，第188页。
[3]〔元〕袁桷：《延祐四明志》卷18，影印文渊阁《四库全书》本，第491册，第646页。
[4]〔明〕曹学佺：《蜀中广记》卷23，影印文渊阁《四库全书》本，第591册，第294页。
[5]《全宋文》第169册，上海：上海辞书出版社，2006年，第793页。

4 附：金朝、西夏、越南的道官制度

金朝、西夏和越南，深受中原文化的影响，佛教和道教同样受到尊崇，道教管理也受到官方的重视，并仿照北宋制度建立了道官制度。

金朝道官制度

与宋代政权并立的金朝起于东北，为女真族建立的少数民族政权，在占领中原以后，也积极吸收中原的传统文化和宗教信仰，道教也受到官方的认可和保护。在金朝统治的北方地区，不仅汉族民众保持着传统的道教信仰，许多女真族民众也信仰道教，甚至在上层贵族中颇有其信徒。在金朝统治时期，北方还出现了三个新的道派，即全真教、真大道和太一道。来自民间的新道派，吸引了许多民众的加入，也逐渐为官方所承认。金朝重视道教文化建设，官方组织刊刻《大金玄都宝藏》等，促进了道教文化的传播和发展。为了有效管理道教事务，金朝仿照唐宋官制，建立了一套自上而下的道官体系。

金朝的佛道教事务同样归礼部管辖，据《金史》载，礼部"掌凡礼乐、祭祀、燕享、学校、贡举、仪式、制度、符印、表疏、图书、册命、祥瑞、天文、漏刻、国忌、庙讳、医卜、释道、四方使客、诸国进贡、犒劳张设之事"[1]。金代的道官制度主要仿照唐宋之制设立。《大金国志》载："僧录、僧正者，帅府僧职也，皆择其道行高者，限三年为任，任满则又别择人……都纲者，列郡僧职也，亦以三年为任。……维那者，县僧职也。"这是金朝地方各级僧官的设置情形，道官设置与僧官大致类同。"金国崇重道教，与释教同。自奄有中州之后，燕南、燕北皆有之，所设道职，于帅府置司，正曰道录，副曰道正，择其法箓精专者授之，以三年为任，任满则择人。其后熙宗又置道阶凡六等，有侍宸、授经之类。"[2]金朝的僧道官铨选制度严格，又皆有三年的任期，以避免僧道官的权势膨胀，熙宗崇道而置道阶六等，则又是重演宋徽宗故事。

金朝的地方行政设路（府）、州、县三级，帅府即路治总管府，列郡即州治。各路（府）设道官两人，正官为道录，副官为道正。道录、道正当是取用宋代的道官职位而设，一般称都道录、都道正。据大定三年（1163）山西闻喜县《太清观牒》，署有"平阳府都道录特授冲和大师赐紫郭翊之"[3]。都道录是属于路一级总管府的道官，当然三京的道官也称都道录，而在节镇州所置的道官则称为管内都道正，如正隆四年（1159）所立《金重立泰宁宫记》碑末署名有"华州管内都道正赐紫苏泽昌"[4]；又大定五年（1165）河南新郑县《太清观牒》，立

---

[1]〔元〕脱脱：《金史》卷56，影印文渊阁《四库全书》本，第290册，第670页。
[2]〔宋〕宇文懋昭：《大金国志校正》卷36，北京：中华书局，1986年，第518页。
[3] 王新英：《全金石刻文辑校》，长春：吉林文史出版社，2012年，第121页。
[4] 渭南县志编纂委员会：《渭南县志》，西安：三秦出版社，1987年，第29页。

石人署为"许州管内都道正知教门公事王端清"[1]。陕西华州、河南许州皆为金朝的节镇州，据此来看，《大金国志》所称"副曰道正"实为节镇州的道官。

除在节镇州设立都道正之外，《大金国志》虽未指明普通州（防御州、刺史州）设道官的职位，但从相关文献考证，金朝在各普通州所设道官职位一般称为管内威仪，这是沿袭唐五代时期的地方道官职位。据天会十五年（1137）《威州新建威仪司三清殿记》，天会十年（1132）"始命道士何宗志为威仪，寓居于仙翁堂"。其碑末署名还有"管内威仪王守道"[2]，当为何宗志之继任者。据此可知威州管内威仪起初寓居在仙翁堂署事，后择地新建了衙门威仪司。各州的威仪司也被授予印信以办教事，如《峄山丛录》就记载了大定二十七年（1187）所立的《创修玉皇观碑记》上刻有"威仪司合同印"[3]，属于滕阳州威仪司的印信。

金大定十七年（1177），太一教三祖萧志冲"授度保充卫州管内威仪，领教门事"[4]。大定二十五年（1185）陕西铜川所立《同官县灵泉观记》，提到道士寇景安的一位徒孙是"前管内威仪裴宗微"[5]，裴宗微应是此前担任过耀州管内威仪的道官。明昌六年（1195）黄帝陵所立的《冲和大德雷公寿堂记》碑末署名有"门人前管内威仪李善治"[6]，即此前李善治担任的应是坊州的管内威仪。山西陵川道士李处静，字德方，"贞祐改元（1213），赐紫，号达妙，充泽州管内威仪"[7]。据《郡侯段正

---

[1] 王新英：《全金石刻文辑校》，长春：吉林文史出版社，2012年，第134页。
[2] 井陉县史志办公室：《井陉县志料》，1998年，第504页。
[3] 中国人民政治协商会议山东省邹县委员会：《邹县文史资料》第4辑，1986年，第106页。
[4] 〔金〕王若虚：《滹南遗老集》卷42，影印上海涵芬楼藏《四部丛刊》旧钞本，第434页。
[5] 王新英：《全金石刻文辑校》，长春：吉林文史出版社，2012年，第283页。
[6] 曹明周：《黄陵文典（文物卷）》，西安：陕西人民出版社，2008年，第187页。
[7] 〔金〕李俊民：《庄靖集》卷6，影印文渊阁《四库全书》本，第1190册，第636页。

卿祭孤魂碑》，李处静参与祭祀时署名为"妙达大师前管内威仪太上正一三五都功赐紫李处静"[1]，所记是他从泽州管内威仪之位退居以后的事。据贞祐二年（1214）所立的《玉虚观记》，立石人为"葆真大师宁海州管内威仪赐紫门弟子王道元"[2]，玉虚观位于宁海州牟平县昆嵛山圣水岩，观额是王处一于承安二年（1197）纳钱购买的，管内威仪王道元是王处一的弟子。

金哀宗天兴元年（1232）所立的《大朝滨州安平镇薛先生之碑》，记载了两位滨州前管内威仪孙善用和朱知荣以及现任管内威仪刘志渊，其中孙善用和刘志渊还分别是本州高尚观和佑德观的知观[3]，以宫观主首担任道官也是历代道官制度的通例。

金朝在县一级的僧官称维那，但县一级的道官材料阙如，已不得而知。至于普通寺观则设纲首，据《金史》"寺观则设纲首"[4]，道教宫观的主首一般称为知观、知宫、观主等，是最基层的道官，此外重要宫观如亳州上清宫也设提点之官。

金朝规定僧道官负责检束僧、尼、道士，还要负责全国的僧道考试，试僧、尼、道、女冠，三年一次，度牒数量有限，考试也非常严格。《金史》载：

> 凡试僧、尼、道、女冠，三年一次，限度八十人，差京府幕职或节镇防御佐贰官二员、僧官二人、道官一人、司吏一名、从人各一人、厨子二人、把门官一名、杂役三人。……

---

[1] 〔金〕李俊民：《庄靖集》卷9，影印文渊阁《四库全书》本，第1190册，第649页。
[2] 陈垣：《玉虚观记》，陈垣：《道家金石略》，北京：文物出版社，1998年，第443页。
[3] 《大朝滨州安平镇薛先生之碑》，《道家金石略》，北京：文物出版社，1998年，第1072页。
[4] 〔元〕脱脱：《金史》卷46，影印文渊阁《四库全书》本，第290册，第558页。

道士、女冠童行念《道德》《救苦》《玉京山》《消灾》《灵宝度人》等经，皆以诵成句、依音释为通。中选者试官给据，以名报有司。凡僧尼官见管人及八十、道士女冠及三十人者放度一名，死者令监坛以度牒申部毁之。[1]

僧道领取度牒的考试由地方官与僧道官共同主持，考试严格，录取率也比较低。金朝对僧道出家的限制颇为严格，而发给度牒的人数也很少，没有度牒私自出家的道士就只能还俗，如全真教初创时期，教团尚没有得到政府的承认，全真道士也没有合法的出家身份，如全真第二代掌教马钰在祖庵潜修若干年后，遇到政府检查道士度牒，只好回到原籍山东。

金朝规定僧道官的任期以三年为限，但至金宣宗贞祐四年（1216），为了摆脱军粮短缺的危机，政府大量出售僧道官职位，自道录以至威仪等官职均明码标价，且任期已缩短至30个月："耀州僧广惠言：'军储不足，凡京府节镇以上僧道官，乞令纳粟百石，防刺郡副纲、威仪等，七十石者乃充，三十月满替。诸监寺十石，周年一代，愿复买者听。诏从之。'"[2] 自此以后，僧道职位、师德号以及度牒、寺观额都公开买卖，僧道出家考试制度也遭废弃。

> （兴定）三年（1219），河南颇丰稔，民间多积粟，汝砺乃奏曰：国家之务，莫重于食……乞于河南州府验其物价低昂，权宜立式，凡内外四品以下杂正班散官及承荫人，免当傜使监官功酬，或僧道官、师德号、度牒、寺观院额等，

---

[1]〔元〕脱脱：《金史》卷56，影印文渊阁《四库全书》本，第290册，第670页。
[2]〔元〕脱脱：《金史》卷50，影印文渊阁《四库全书》本，第290册，第614页。

并听买之……上从之。[1]

全真教初创时期并无观额和度牒,王处一、丘处机等都据此买得观额和度牒若干,全真道士才得以有了固定的传教场所和合法的身份。金代后期全真教之所以得到承认并发展壮大,也得益于此制度,但是僧道官的大量公开买卖,导致了僧道官素质普遍下降,也是道官制度史最为不堪的一页。

西夏道官制度

同时期由党项人所建立的西夏王朝,虽然主要崇奉佛教,但道教也在官方的保护下得以发展。西夏道教的历史,文献记载极少,近年来黑水城西夏文献《天盛改旧新定律令》的出土,解开了西夏道教鲜为人知的一面。这些法律条文涉及西夏道教管理的相关制度。

据《天盛新律》载,西夏政府在中央设立道士功德司以管理道教事务,道士功德司属二品的次等司,地位与僧人功德司相同。道士功德司设官有:一正、一副、一判、二承旨。道士功德司的职官是俗人还是道士担任,还很难确定,但西夏制度多袭取宋金,其中应该有俗官和道官共同参与。

此外西夏在基层宫观也设立道官职位,以管理地方宫观、道士等道教事务。基层宫观的道官主要有道监、道副、道判等。宫观道官一般由大众在低一级的道官中选举产生,各级道官可按照能力依次升迁。

西夏的道教地位虽然不低,但对道士的管理制度却极为严格。基

---

[1] 〔元〕脱脱:《金史》卷107,影印文渊阁《四库全书》本,第291册,第497页。

层道官除管理宫观事务外，还要负责道士帐籍名册的登记和伪道士的辨别，定期向官方汇报，隐瞒不报的主要道官要坐罪，受到比犯罪者减二等的处罚。

越南道官制度

越南是中国东亚朝贡体系中的一员，其深受中国文化的影响，在意识形态和制度体系上都着意仿效中国。唐以前的越南为中国边疆的羁縻地区，五代动乱之际越南地方势力得以独立，丁朝初建职官制度，仿照宋代官制建立了僧道官制度。据《大越史记全书》载，丁朝先皇丁部领太平二年（北宋开宝四年，971）曾经给佛道二教的领袖颁授官阶品级："初定文武僧道阶品……僧统吴镇流赐号匡越大师，张麻尼为僧录，道士邓玄光授崇真威仪。"[1]《历朝宪章事类》亦载其事："丁先皇太平二年初定文武阶品……又定僧道阶，有太师僧、道士崇真威仪等号。"[2] 僧统、僧录和威仪等僧道官职位，以及僧道官阶品，都是全部照搬宋代僧道官制度。前黎朝大行初年，"改定文武僧道官职，一遵宋制"[3]。黎朝学者黎贵惇的《见闻小录》亦载："丁先皇始有天下，即定僧道阶品，吴镇流、张麻尼为僧统、僧录，邓玄光为威仪。黎大行继之，亦加尊重。"由此可见，越南丁朝、黎朝僧道官制度采用宋制，且僧道官与文武官并列，其尊崇佛道之教，亦可见一斑。

李朝对于佛道的信仰热情高涨，寺观遍天下，至陈朝儒学建立，开科取士以来，儒家官僚逐渐流露出对于佛道的轻视态度。陈太宗天

---

[1] [越南]吴士连：《大越史记全书》，日本东京大学东洋文化研究所，1983年，第181页。
[2] [越南]潘辉注：《历朝宪章事类》卷13，影印越南汉喃研究院手抄本，第2页。
[3] [越南]潘辉注：《历朝宪章事类》卷13，影印越南汉喃研究院手抄本，第2页。

应政平十三年（1244），"三月，授冯佐周父冯佐汤为左街道录，爵散郎。时王侯授僧道官则呼左街，盖不使齿诸朝列。左街，僧道之极品，非通练本教，则不妄与，今以命佐汤，则优礼也"[1]。据《安南志略》载，当时越南陈朝时期的各级僧道官："僧官：国师、僧统、僧录、僧正、大贤官；道官：道录、威仪、都官"[2]，仍然沿袭着宋朝的僧道官制度。

---

[1] [越南]吴士连：《大越史记全书》，日本东京大学东洋文化研究所，1983年，第332页。
[2] 〔元〕黎崱：《安南志略》卷14，影印文渊阁《四库全书》本，第464册，第682页。

5 小结

宋代的道官制度最为繁杂多变,在继承唐代道官制度的基础上,建立了更为系统的道官制度体系。宋代皇室多崇道,对道教的管理制度也较为细致严格,其特点是僧俗并用,建立了俗官和道官两套道教管理体制,力图将道教事务纳入国家政治事务之中。真宗首次设立了中央道官的署事衙门道录院,地方也按照行政层级建立了自上而下的道官体系,而基层的官方宫观,政府多委派儒家官员提点宫观事务,而祠禄官制度更是宋代官制与道教关系的一大特点。

五 元代道官制度

元代是个疆域广阔、军事强大、政治统一的庞大帝国，有多种宗教文化的传播。为了政治稳定的统治需要，元代实行兼容并包的开放宗教政策，针对诸种宗教之特点形成了独特的宗教管理体制，中央机构中佛教有宣政院，道教有集贤院，基督教有崇福司，伊斯兰教有回回哈的司等。

元代道官体系十分复杂，道官的官僚化色彩更为浓厚。"二教设官如有司"，在中央以集贤院领全国道教事，正一天师、玄教宗师和全真掌教得以"知集贤院道教事"领诸路道教。又设南北道教所，统辖诸路都提点和宫观提点等道官，正一、玄教、全真、真大、太一五派各有所辖的诸路提点。路以下又根据行政区划设置地方各级道官和基层宫观的道官，道官有大量冗员且多伪滥。

1　知集贤院道教事

统一中原之后,元朝开始建立新的道教管理体系,以宣政院掌佛教,以集贤院掌道教。唐代最早设立过集贤院,其职责是"掌刊辑经籍"。北宋以昭文馆、集贤院、史馆三馆书院,赐名崇文院,主要职责也是管理图书经籍。至元代设立集贤院,道教事务首次归属于此机构。

以集贤院掌道教事,是元世祖遵从了玄教宗师张留孙的建议。至元十八年(1281)道教在佛道争斗中失利,道教势力受到极大的挫伤,但玄教于此时悄然兴起。当年元世祖擢玄教大宗师张留孙商议集贤院事,张留孙奏议:"分集贤、翰林为两院,以道教隶集贤,郡置道官,用五品印,宫观各置主掌。"《元史》:"集贤院,秩从二品。掌提调学校、征求隐逸、召集贤良,凡国子监、玄门道教、阴阳祭祀、占卜祭遁之事,悉隶焉。"[1] 除道教事务外,集贤院的管理范围还包括学校教育、征求人才、民间祭祀等其他事务。

集贤院置大学士、学士、直学士、典簿、吏属等职官,皆为俗官。

---

[1]〔明〕宋濂等:《元史》卷87,北京:中华书局,1976年,第2192页。

自立以集贤院掌道教事后，遂设立由道教各派宗师或掌教所担任的商议集贤院道教事、同知集贤院道教事、知集贤院道教事等道官职位。这些道官职位均佩二品银印，位次甚至排在大学士之上。元代道教的各派领袖有正一天师、全真掌教、玄教宗师、真大道掌教宗师、太一教掌教宗师五大宗师，但只有正一天师、全真掌教和玄教宗师曾在集贤院任职过。

玄教宗师知集贤院道教事

以集贤院掌道教事源于玄教宗师张留孙的建议，而张留孙也成为元代第一位获得集贤院职位的道官。《元史》载："（张宗演）其徒张留孙者，字师汉，信州贵溪人。少时入龙虎山为道士，有道人相之曰：'神仙宰相也。'至元十三年（1276）从天师张宗演入朝，世祖与语称旨，遂留侍阙下。"[1]因请祷有验，深受元世祖的崇奉，于是"赐建崇真宫于两京，俾留孙居之，专掌祠事。十五年（1278）授玄教宗师，锡银印。"在短短两年的时光里，张留孙就因受帝王的特殊恩宠，创立了玄教并"令自别为籍"[2]。

至元二十五年（1288）七月，元世祖令张留孙预议集贤院。"皇帝圣旨：玄教宗师、总摄两淮荆襄等路道教、江南诸路道教都提点张留孙可授玄教宗师、总摄江淮荆襄等路道教都提点、同集贤院商议道教事。"这是道教宗师首次获得同集贤院商议道教事的职位。据袁桷撰《有元开府仪同三司上卿辅成赞化保运玄教大宗师张公家传》，"元贞元年（1295），同知集贤院道教事。大德三年（1299），加大宗师，

---

[1] 〔明〕宋濂等：《元史》卷202，北京：中华书局，1976年，第4528页。
[2] 陈垣：《道家金石略》，北京：文物出版社，1988年，第924页。

别给银印,视二品。武宗即位,加大真人、知集贤院事。至大二年(1309),领集贤院,位大学士上。是岁,再加特进"。从同集贤院商议道教事到领集贤院,位至集贤院的主官。随着品阶的一步步提升,张留孙在执掌集贤院道教事中的权力也不断加强。

至治元年(1321),张留孙卒,其徒吴全节继任玄教宗师,同时也继承了知集贤院道教事的职位。《元史》:"全节字成季,饶州安仁人,年十三学道于龙虎山,至元二十四年(1287)至京师,从留孙见世祖。……大德十一年(1307)授玄教嗣师,锡银印,视二品。……(至治)二年(1322)制授特进上卿、玄教大宗师、崇文弘道玄德真人、总摄江淮荆襄等处道教、知集贤院道教事,玉印一、银印二并授之。"[1]

至正六年(1346)吴全节卒,其徒夏文泳嗣教,同样承袭了玄教大宗师、知集贤院道教事的特殊职位。《特进上卿玄教大宗师元成文正中和翊运大真人总摄江淮荆襄等处道教事知集贤院道教事夏公神道碑》:"夏文泳,字明适,号紫清,贵溪人,少入龙虎山学道。仁宗皇庆元年(1312),特授元成文正中和真人号,命为江淮荆襄等处道教都提点,赐以银印,视秩二品。至正六年奉旨特授为上卿玄教大宗师、元成文正中和翊运大真人,总摄江淮荆襄等处道教,知集贤院道教事。"

第四代掌教张德隆至正九年(1349)嗣教,例行承袭了玄教大宗师、知集贤院道教事。第五代掌教于有兴至正间掌教。此时值元末动荡,其是否承袭知集贤院道教事已不得而知。

---

[1] 〔明〕宋濂等:《元史》卷202,北京:中华书局,1976年,第4528页。

正一天师知集贤院道教事

玄教三代宗师皆知集贤院道教事，执掌全国道教事务。除此之外，第三十九代天师张嗣成，也得以供职知集贤院道教事。第三十六代天师张宗演、三十七代天师张与棣、三十八代天师张与才皆赐真人号，主领江南道教，但并未进入知集贤院道教事。延祐四年（1317）丁巳，仁宗"制授嗣汉三十九代天师张嗣成太玄辅化体仁应道大真人，主领三山符箓，掌江南道教事"[1]。

泰定二年（1325），加封张嗣成翊元玄德正一教主，并知集贤院道教事，此时正一天师才得以正式进入集贤院参与道教管理事务，成为江南道教各符箓派的最高领袖。"封天师制"曰："我国朝之崇玄教，古莫与伦，卿世家之受皇恩，今为特盛，宜隆称号，爰示宠嘉，正一教主嗣汉三十九代天师太玄辅化体仁应道大真人主领三山符箓掌江南道教事张嗣成，冰雪神人，风云圣代，继乃祖乃父累功积行于前，而闻子闻孙继序增光于后，及此初元之觐，助予敬德之祈，翼翼小心，允谓恪恭而有礼，巍巍大道，共祈清净以无为，可特授翊元玄德（职事同前）、知集贤院道教事。"[2]元顺帝至正十三年（1353）加封历代天师真人之号，张嗣成仍知集贤院事，"所带职号如故"。

第四十代天师张嗣德，号太乙，张与才第二子。元顺帝至正四年（1344）嗣教，至正十三年（1353）"微疾而化。明年，制授太乙明教广玄体道大真人，主领三山符箓，掌江南道教事，制下已化矣"[3]。

---

[1]〔明〕宋濂等：《元史》卷25，影印文渊阁《四库全书》本，第292册，第378页。

[2]〔元〕吴澄：《吴文正集》卷19，影印文渊阁《四库全书》本，第1197册，第836页。

[3]〔明〕张国祥：《汉天师世家》卷3，《道藏》第34册，北京：文物出版社、上海：上海书店、天津：天津古籍出版社，1998年，第833页。

张嗣德嗣教十年，但未进入集贤院任职。第四十一代天师张正言，号东华，张嗣德长子，虽袭天师之职掌江南道教，也未能入职集贤院。在元末的社会动乱中，江南已为红巾军所占领，元顺帝通过"江浙行省遣间使传，制授天师明诚凝道弘文广教大真人，主领三山符箓，掌江南道教事"[1]。

全真掌教知集贤院道教事

早在蒙古时期，全真第五代掌教丘处机万里西行，受到成吉思汗的赏识，令其管领天下道教。虽然当时全真掌教不过是名义上掌管道教，但全真教由此而兴盛，却是不争的事实。蒙古时期，全真教在官方扶持下得到很大的发展，全真宫观遍布淮河以北包括四川在内的广大地区。

元朝统一之后，因全真教势力过于强盛，受到佛教的攻难和朝廷的猜忌，在崇尚佛教的宪宗和世祖的主持下，全真教在佛道辩论中失败，政治上受到很大的打击。以至元十八年（1281）焚毁道经为标志，全真教转入低谷，张志敬、王志坦、祈志诚、张志仙等人掌教时期，全真教发展十分艰难，在朝廷中政治地位一落千丈，直到成宗即位，全真教掌教才再次获得皇室的信任，自此得以进入集贤院。据《重修太初宫碑》，元成宗大德四年（1300），全真掌教张志仙的署职为"玄门掌教大宗师辅元履道玄逸真人管领诸路道教所、同知集贤院道教事"[2]。这是全真掌教第一次获得集贤院道官的职位，也是首次获封"玄

---

[1] 〔明〕张国祥：《汉天师世家》卷3，《道藏》第34册，北京：文物出版社、上海：上海书店、天津：天津古籍出版社，1998年，第834页。

[2] 《重修太初宫碑》，陈垣：《道家金石略》，北京：文物出版社，1988年，第705页。

门演道大宗师"的头衔。

张志仙之后接任掌教的是苗道一。元武宗至大元年（1308）七月，"特授（苗道一）玄门演道大宗师管领诸路道教，商议集贤院道教事，余如故"[1]。商议集贤院道教事的职位，稍低于同知集贤院道教事，这也是玄教宗师张留孙最初进入集贤院所授的官职。苗道一，号凝和，曾先后两次任全真掌教，他任职商议集贤院道教事是在第一次掌教期间。

接任苗道一掌教职位的常志清，初为全真教祖庭燕京长春宫的提点，皇庆元年（1312）掌教后袭"授玄门演道大宗师掌教真人、管领诸路道教所、商议集贤院道教事：治国以无为，惟宗式符要道，顺物乃自然之理。允谓至言长春宫提点常某，橐龠重玄，蓍龟万变，气超浑沌，灼知天地之根；运际升平，默赞阴阳之化。方独立以不改，弥大盈而若冲，爰绍真风，以彰人望。噫！内观形影，斯泉石之素心；外饬身名，实朝廷之异渥。保兹清净，俾以阐扬可"[2]。

常志清掌教仅一年，皇庆二年（1313）孙德彧掌教。据《皇元特授神仙演道大宗师玄门掌教辅道体仁文粹开玄真人管领诸路道教所知集贤院道教事孙公道行之碑》，孙德彧乃重阳万寿宫穆真人之弟子，重阳宫提点李道谦深为器重，至元十一年（1274）因"侍安西王掌祠事，祈禬歆格，即充京兆路道录。……提举大重阳万寿宫在集贤院。……大德己亥（1299），成宗加玺书，授陕西五路西蜀四川道教提点，领重阳宫事。……寻拜诸路道教都提点，公亦感激眷知，趣装入觐。留三载，加体仁文粹开玄真人，领陕西道教事，实武宗即位之二年（1309）也。公归终南，将遂终老，仁宗志弘道妙，欲简用耆德，遣使召赴长

---

[1] 《永乐宫圣旨碑》，陈垣：《道家金石略》，北京：文物出版社，1988年，第727页。
[2] 〔元〕袁桷：《清容居士集》卷37，影印上海涵芬楼藏《四部丛刊》元刊本，第1088页。

春宫掌全真教"。

皇庆二年（1313）九月，"仁宗皇帝累加恩命，召至京师掌道教，号曰：特授神仙演道大宗师、玄门掌教、辅道体仁文粹开玄真人、管领诸路道教所、知集贤院道教事"[1]。延祐五年（1318）立石的《宸命王文碑》就是皇庆二年敕封孙德彧的圣旨，其中有"皇庆维新于天命。尚崇素履，庸赞清朝，可授神仙演道大宗师玄门掌教真人、管领诸路道教所、知集贤院道教事，宜令孙德彧。准此。皇庆二年九月□日"。从商议集贤院道教事到知集贤院道教事，全真掌教在集贤院的职位得到很大的提升，也反映了此时全真教在朝廷的影响力正逐步增强。

孙德彧在至治元年（1321）仙化，蓝道元于次年掌教，但蓝道元后因事免职，未见有入职集贤院的记载。继任者孙履道，因玄教大宗师吴全节的推荐，在泰定元年（1324）掌教。《吴文正集·封孙真人制》载："大道先天地而混成，至德正性命而顺受，其能凝神守一，则可保身全生，我家启运之初，异人乘时而出，素行上孚于睿鉴，玄功下济于寰区，继继逮今，绳绳嗣教，以尔泰定虚白文逸真人孙履道，恬淡抱朴，谦冲葆光，方外从游，早逍遥于冀北；环中善应，晚楷式于豫南，属长春之席暂虚，辛太古之传未泯，远寻支派，丕阐宗风，可特授神仙玄门演道大宗师泰定虚白文逸明德真人、掌管诸路道教所、知集贤院道教事。"[2]

元文宗天历元年（1328），苗道一第二次出任掌教，至顺帝元统二年（1334），苗道一在《大元重修聚仙观》中仍署职为"大元主教特进神仙元门演道大宗师凝和持正明素忠纯大真人、管领诸路道教

---

[1] 〔元〕虞集：《道园学古录》卷50，影印上海涵芬楼藏《四部丛刊》明刊本，第855页。
[2] 〔元〕吴澄：《吴文正集》卷19，影印文渊阁《四库全书》本，第1197册，第836页。

所、知集贤院道教事"[1]。元统三年（1335）完颜德明接任掌教，在当年九月所立的《孙德彧道行碑》中，署职为"特进神仙玄门演道大宗师、重玄蕴奥弘仁广义大真人、掌管诸路道教所、知集贤院道教事完颜德明"[2]，在至正八年（1348）所立的《皇元制授诸路道教都提点洞阳显道忠贞真人井公道行之碑》中，完颜德明仍署职"特进神仙、重玄蕴奥弘仁广义大真人、掌管诸路道教所、知集贤院道教事完颜德明"[3]。作为元代全真教最后一位掌教，完颜德明掌教的时间最长，至正二十二年（1362）所立的《陕西南山七真碑》，仍署名为"掌管诸路道教所、知集贤院道教事完颜德明"[4]。

自张志仙首次任职集贤院道官，全真掌教重新获得元朝皇帝的信任，历代掌教皆得以获赐"玄门演道大宗师"的身份并袭任集贤院的道官职位，但荣耀显贵的身份也导致全真掌教的蜕化。陈垣批评自孙德彧起，全真教上层蜕变为"末流之贵盛"，教内人才零落，虽然后期仍有发展，但与蒙古时期的鼎盛局面不可同日而语。

---

[1] 王宗昱编：《金元全真教石刻新编》，北京：北京大学出版社，2005年，第201~203页。
[2] 《金石萃编未刻稿》，陈垣：《道家金石略》，北京：文物出版社，1988年，第788页。
[3] 王宗昱编：《金元全真教石刻新编》，北京：北京大学出版社，2005年，第95页。
[4] 《石刻史料新编》第1辑，第22册，台北：新文丰出版社，1977年，第16131页。

2　道教所总领教门事务

揭傒斯《乐丘碑》曰:"天下郡县置道官,又置南北道教所以领之。"[1] 揭傒斯所谓的南北道教所,即南方正一派在龙虎山天师府设立的江南诸路道教所(或称江南道教所)和北方全真教在大都大长春宫设立的诸路道教所(或称玄门道教所)。至玄教从正一派独立以后,亦在大都崇真万寿宫置总摄两淮荆襄道教所(或称总摄所),真大道也曾建立过统辖诸路道教所(或称统辖所),但二者的地位均稍低于南北道教所并受其节制。除此之外,北方新道教之一的太一道,系金代道士萧抱珍所创,至元十一年(1274),世祖命五祖李居寿执掌祭祀等事,至元十三年(1276)赐太一掌教宗师印,执掌全国太一教。太一教是否建立有道教所,因文献阙如,已不得而知。

元代地方的道官体系因南北教派不同而单独设立,即北方全真和南方正一各设道教所统领辖区道官,而地方按照行政区划设道署,即路设道录司、州设道正司、县设威仪司,各立道官署事,具体管理各

---

[1]〔元〕揭傒斯:《揭文安公全集》卷23,四部丛刊初编集部(237),上海书店,1989年。

教的宫观、道士和教门事务等。南北道教所皆属集贤院宏观统领,而道教所也就成了各教具体教务管理的总衙门。南北各道教所和总摄所通常由各教的掌教或嗣教管领,南北道教所在各路之上曾设都提点等道官。元代各教派亦存在南北混杂的情形,南北各道教所的道教事务,不仅要听命于本派掌教的安排,还要归属所在地区道教所的统一管领。

江南道教所

元世祖忽必烈入主中原之前,便有意识地笼络中原道教领袖,统一全国后诏龙虎山正一天师入觐,命其主领江南地区的道教事务。据《元史》所载,至元十四年(1277)春正月丙申,"赐嗣汉天师张宗演演道灵应冲和真人领江南诸路道教"[1]。江南道教所即是此时由第三十六代天师张宗演创立,设于龙虎山天师府,是正一天师处理江南道教事务的总衙门,又称"江南诸路道教所"。虞集《龙虎山道藏铭》载:"黄君崇鼎,至元中佐天师立道教所,多所画诺。"[2] 龙虎山道士黄崇鼎,在至元年间曾辅佐第三十六代天师张宗演筹划创立江南诸路道教所,贡献颇多。

自第三十六代天师张宗演至第四十一代天师张正言,虽然仅第三十九代天师张嗣成得以知集贤院道教事,但元朝政府例行敕封历代天师领江南诸路道教事并实际管领江南诸路道教所。江南道教所设都提点一人,第三十六代天师张宗演的弟子张留孙曾担任这一职位。至元十三年(1276)张留孙随师张宗演入京觐见,至元二十五年(1288)世祖制授张留孙江南诸路道教都提点。在张留孙宣授玄教宗师、总摄

---

[1] 〔明〕宋濂等:《元史》卷9,影印文渊阁《四库全书》本,第292册,第120页。
[2] 〔元〕虞集:《道园学古录》卷45,影印上海涵芬楼藏《四部丛刊》明刊本,第782页。

两淮荆襄等路道教之后，仍然担任江南诸路道教都提点这一职务。玄教自正一派脱胎而来，仍属正一的支派，长期留驻大都的张留孙担任江南道教所的都提点，正好起到沟通龙虎山天师和中央政府的桥梁作用。此外玄教势力在江浙地区也颇有传播，在道官管理体系中与正一派亦难以断然划开，玄教总摄所与江南道教所常常共同管理江南道教事务。如地处江南的杭州洞霄宫，为玄教宫观，"每遇天寿圣节，道场依例就宫建散，蒙管领江南诸路道教所、总摄江淮荆襄等路道教所，以名山事实闻奏"[1]。

江南道教所除诸路都提点外，还曾在行省一级设过江西道教都提点、江东道教都提点等道官职位。吴澄《抚州玄都观藏室记》载："玄都观者，前道教都提点张师次房之所肇创，观之藏室，则其徒孙黄仁玄之所新作也。师本临川梅仙观道士，至元间从天师北觐，留侍阙庭，数载宣授崇道护法弘妙法师、江西道教都提点，住持浮云山。"[2]张次房也是跟随张宗演入觐的江西正一派道士，被天师授予江西道教都提点一职，若干年后其徒孙黄仁玄又继承了这一职位。又据《龙虎山志》，龙虎山达观院道士李宗老，是玄教大宗师张留孙的度师，于元至元间授江东道教都提点，住持龙虎山上清宫。

值得一提的是，元朝在江南还曾设江南诸路女冠诸宫观都提点以管理江南女冠事务，这与宋代曾在三京设立女道录的做法如出一辙。《江南诸路女冠诸宫观都提点邵灵瑞特追封宗师》："二仪之生，根于太极，万物之母，始于有名。推刚柔迭用之原，悟坤乾交泰之理，兹焉观妙，足以表微。具官邵灵瑞，野鹤孤标，金芝内行。亶麻姑之清淑，允谓地灵；慕南岳之冲虚，聿工草圣，通章帝阙，备问宫闱。

---

[1]〔宋〕邓牧：《洞霄图志》卷1，影印文渊阁《四库全书》本，第587册，第409页。
[2]〔元〕吴澄：《吴文正集》卷47，影印文渊阁《四库全书》本，第1197册，第490页。

烨矣龙光，守大盈而自牧；端然蝉蜕，享上寿而弗居。道气常新，仙风不坠。噫！女偊朝彻，已传宗师之篇；帝尧时雍，爰有化人之国。锡兹美号，昭我鸿恩。"[1]至元年间，临川女冠邵灵瑞因世祖征召入觐，获得昭睿顺圣皇后的敬信，先是任江南诸路女冠诸宫观都提点，后又被追封为宗师，她的弟子黄居庆在元统二年（1334）又因皇后之敬信而被授予这一职位。至正四年（1344）危素撰《端静冲粹通妙真人黄君寿藏碑》载："天历初，皇后尤加敬异。集贤以闻，授渊靖冲素崇道真人，住持玄元万寿宫。元统二年，今皇后有旨，命加真人。集贤以闻，授端静冲粹通妙真人、江南诸路女冠都提点，住持大都玄元万寿宫、抚州路东庭观、常德路干明观事，特命文臣行同表异之，又降玺书护其宫。"元代继承了宋代设置女性道官的做法，尊重女冠的权益和地位，对于女冠群体给予相对独立的教务管理权，这是难能可贵的。

诸路道教所

至元年间，南北道教所设立，全真掌教即被命管领北方道教所。武宗时，全真掌教张志仙赐真人号，奉命管领诸路道教所、知集贤院道教事。这是全真掌教管领诸路道教所的最早记载。此后元代的历代全真掌教，都按例袭授了玄门演道大宗师掌教真人管领诸路道教这一职位，即北方道教所的实际领导人。

诸路道教所设在全真教的祖庭大都大长春宫，置有都提点、提举及幕僚等道官职位，由全真掌教推荐和任命，如至元中，李道谦曾担

---

[1]〔元〕袁桷：《清容居士集》卷37，影印上海涵芬楼藏《四部丛刊》元刊本，第1089页。

任过诸路道教提举。元贞二年（1296），全真道士任志润担任玄学提举兼道教所详议事[1]。道教所详议事，全称"诸路道教所详议提点事"，即道教所提点等相关道官。耀州五台山道士井德用，在其师苗道一掌教期间先后担任诸路道教所的幕官、都提点等职。《皇元制授诸路道教都提点洞阳显道忠贞真人井公道行之碑》："承特进神仙凝和苗真君金章法旨，召诣天京，授诸路道教所幕官，纳为弟子。……天历始元（1328），文宗入承大宝，起凝和于覃怀，复掌教之。二年，召委重化玺书，授洞阳显道忠贞大师，领诸路道教都提点，仍署嵩山中岳庙住持提点。"[2] 后井德用又以诸路道教都提点的身份，先后领大都大长春宫、陕西大重阳万寿宫事。又《御香记》："至正改元（1341），辛巳五月□日，特进神仙大宗师凝和持正赞元翊运苗真君高弟井公制授诸路道教都提点洞阳显道忠贞真人，转教于大长春宫，有司给驼马扈从车驾，巡幸上京。秋七月，受命仍真人名号，主领陕西大重阳万寿宫事。"[3] 井德用担任道教都提点的时间最少在13年以上，其先后在嵩山中岳庙和大重阳万寿宫兼任住持，似乎道教所都提点未必一定留守在大都的祖庭大长春宫署事，嵩山中岳庙和陕西大重阳宫，也都做过诸路道教都提点的署事之所。

全真教北方道教所的诸路道教都提点一职，负责全国的全真教教务和北方地区其他教派的道教事务，直接对掌教负责，位高权重，地位显赫，多为掌教的弟子或亲信所担任，在各地与大都大长春宫之间办理教务。北京云岩观道士黄道盈，"至正四年（1344）春，奉

---

[1]　《女炼师奥敦君道行碑》，陈垣：《道家金石略》，北京：文物出版社，1988年，第687页。
[2]　王宗昱编：《金元全真教石刻新编》，北京：北京大学出版社，2005年，第92页。
[3]　王宗昱编：《金元全真教石刻新编》，北京：北京大学出版社，2005年，第90页。

特进神仙法旨,充大都大长春宫、诣诸路道教所详议提点事"[1]。至正九年(1349),大长春宫三洞讲师周德洽也担任过诸路道教详议提点[2]。大德间(1297～1307),掌教苗道一的弟子井德用担任诸路道教都提点,更位至集贤院大学士。据《皇元孙真人道行碑》,全真派的掌教孙德彧早在成宗大德年间,也曾以陕西五路西蜀四川道教提点的身份,拜诸路道教都提点,此后陕西大重阳宫的全真道士焦德润、杨德荣先后担任此要职。据陕西大重阳宫现藏《蒙汉文合刻大元宸命碑》,至正十一年(1351),井德用的弟子焦德润任这一职位;至正二十三年(1363),皇帝诏令"陕西奉元路大重阳万寿宫都提点杨德荣,可授诸路道教都提点明道崇真洞和真人"。

总摄江淮荆襄等路道教所

玄教虽出自龙虎山正一派,但在皇室的扶持下,遂成独立之宗派。玄教所传播的范围,主要为江淮之间的江淮荆襄等路,也是北方全真派和南方正一派之间的缓冲地带。在张留孙时,玄教虽然独立传播,但仍属于江南道教所所辖,张留孙担任江南道教所的都提点,实际上是作为正一天师在大都的代理人。皇室扶持玄教独立,可能正是出于遏制正一教和全真教过度发展的政治考虑,故有意造成此道教三大教派的鼎立之势。

玄教宗师张留孙除了担任江南道教所的都提点,还同时兼任江淮荆襄等处道教都提点。袁桷《有元开府仪同三司上卿辅成赞化保运玄教大宗师张公家传》载:"(至元)十五年(1278),(张留孙)加玄

---

[1] 王宗昱编:《金元全真教石刻新编》,北京:北京大学出版社,2005年,第114~115页。
[2] 《重修东岳岱山庙碑》,陈垣:《道家金石略》,北京:文物出版社,1988年,第807页。

教宗师，授道教都提点，管领江北、淮东、淮西、荆襄道教事，配银印。"玄教创立之初，原本属于江南道教所的江北、淮东、淮西、荆襄等处的道教事务，地处江淮之间，已经委任张留孙单独管理，并设立了江淮荆襄等路道教都提点所，仍属江南道教所。后来提点所升总摄所（元代的江南佛教支派白云宗也曾设总摄所），名义上级别与南北道教所相同，张留孙的职位也相应地升为总摄江淮荆襄等路道教，而玄教嗣师按例则被授予江淮荆襄等路道教都提点的职位。吴全节、夏文泳、张德隆等在担任玄教嗣师的期间，都兼任过江淮荆襄等路道教都提点。

据《中兴路九老仙都宫碑记》，总摄所除设都提点外，还设掌书记一人，作为都提点的副手。元大德中，吴全节掌教期间，来自荆州的道士唐洞云曾长期担任这一职务[1]。掌书记一职最早见于北周官制，为军中掌管书信、帐簿等文书的机要秘书，至唐代掌书记发展成为观察使或节度使的属官。元代玄教设都提点所为教务管理机构，而掌书记一职首次出现在道教管理机构之中，作为玄教提点所和总摄所辅佐玄教嗣师和宗师的重要文职人员。据吴澄《御香赍江陵路玄妙观记》，唐洞云在京任职长达20多年，皇庆二年（1313）"奉帝制授诚明中正玄静法师江陵路玄妙观住持提点兼紫府真应宫住持，后又兼领本路诸宫观事。教所嘉其能，留之弗遣，遥领其职而已"[2]。唐洞云担任总摄所掌书记多年，深得玄教宗师吴全节之嘉奖和肯定，吴全节不同意其辞职，其在荆州的宫观提点事务，仅遥领而已。

地处玄教管领的江淮荆襄地区的武当山，元代时已成为道教名山，也曾见设都提点一职位，如至元二十三年（1286），"法师叶希真、

---

[1] 《湖北金石志》卷14，谢承仁主编：《杨守敬集》第5册，武汉：湖北人民出版社，1988年，第928页。

[2] 〔元〕吴澄：《吴文正集》卷47，影印文渊阁《四库全书》本，第1197册，第486页。

刘道明、华洞真,承应御前,充武当山都提点"[1]。襄阳路所辖的武当山,也按照路一级设置了都提点职位,由此可见元代武当山在玄教中的重要地位。

统辖诸路真大道道教所

金元北方新道教之一有刘德仁所创建之大道教,吴澄撰《元天宝宫张真人道行碑》:"自金人得中土,时有刘祖师一时翕然宗之。继刘者陈,陈而张,张而毛,毛而郦,始居天宝宫。际遇国朝,名吾教曰真大道,自为一支,不属在前道教所掌。"[2] 大道教自郦希成时期分化为玉虚宫、天宝宫两派,天宝宫一派自居正宗,改名为真大道,宪宗四年(1254),特降玺书,赐名"真大道",真大道得到皇室之认可,遂成为独立之教派,其教务也不属全真教的诸路道教所管辖。

至元五年(1268),世祖命郦希成之徒"孙德福统辖诸路真大道,锡铜章,二十年改赐银印二"[3]。其后李德和掌教时,其徒岳德文"署为法师、充教门诸路都提点,以副己也"[4]。岳德文作为掌教副手的教门诸路都提点,此时真大道尚未建立道教所,仅设教门都提点,仍属北方道教所所辖。至元十九年(1282)十月,岳德文掌教。至元二十一年(1284),天宝、玉虚合二为一,宣授岳德文"崇玄广化真人、掌教宗师、统辖诸路真大道教事",掌教于大都大天宝宫。

真大道的道官资料比较少,据至元二十八年(1291)所立的《重

---

[1] 〔元〕刘道明:《武当福地总真集》,《道藏》第19册,北京:文物出版社、上海:上海书店、天津:天津古籍出版社,1998年,第648页。

[2] 〔元〕吴澄:《吴文正集》卷50,影印文渊阁《四库全书》本,第1197册,第519页。

[3] 〔明〕宋濂等:《元史》卷200,影印文渊阁《四库全书》本,第295册,第629页。

[4] 〔元〕虞集:《道园学古录》卷50,影印上海涵芬楼藏《四部丛刊》明刊本,第846页。

修隆阳宫碑》,碑阴的署名有"诸路真大道教门举正兼大都路都举师赐紫清和大师王德道、宣授诸路真大道教都提点清真大师刘德川、宣授诸路真大道教提点崇真演道大师赵德祥、统辖诸路真大道道教所知书葆真大师赵清琳、知书武进荣"等。又汴梁路许州的《天宝宫碑阴题名》,记载了真大道的诸位道官名录,其中有教门都举正李成贵、从教门都提点高进明、从教门提点党天忠等,其中的"从教门"可能为副职。从以上两通碑文可以看出,此时真大道道教所已经建立了比较完备的组织机构,真大道统辖所置有教门举正、都提点、提点、知书等职位,除都提点、提点外,其他职位与南北道教所、玄教总摄所的职官设置有所不同,而且真大道道教所的事务亦不受其他道教所管理。真大道建立了相对独立的道官管理体系,其统辖所应设在大都的大天宝宫,由真大道的掌教统领。

3　各教地方道门提点

元代的道教管理制度，一方面充满了浓厚的教派分治色彩，即道教事务多由教派的道官自治；另一方面又充分体现了政府参与的官方色彩，即按照行政区划建立官僚化的道官体系。南北道教除了设立总管性质的诸路都提点之外，还在各自管领范围之内教事较为集中的行省、路或数路联合地区的中心宫观、重要山门，设置分领各路教务的道教提点、提举等职，直接听命于掌教或道教所。

提点为宋代所设的官职，有管理监督之意，宋代的官方宫观往往设提点官，以俗官兼任，以照顾宫观事务。此外又有提举宫观官，一般为领俸不任事的祠禄官。元代的道官制度继承宋代提点、提举制度，改以道士担任道教的提点、提举之官，并赋予提点、提举以实权，一般提点为全权负责的道官首领，提举则仅负有部分管理和建议的责任，如诸路玄学提举主要掌管道士教育。除此以外，州设道门提举、县设道门提领的情形亦颇为多见。

全真教各路道门提点

在诸路道教所建立之前的蒙古和元初，全真掌教自丘处机起就实际管领着北方全真教团，在祖庭大长春宫设教门都提点以掌管全真教事，宋德方、张志敬、王志坦、孟志源等全真高道都先后提点教门事。据《重玄广德弘道真人孟公碑铭》，宪宗六年（1256），掌教张志敬"以公（孟志源）玄门大老之故，己又在制，遂授以教门都提点印，俾摄其事"。教门都提点尚有印信，应属官方正式设立的道官职位，是诸路道教所建立之前全真教内仅次于掌教的重要道官。

蒙古太祖占领金朝北方领土之后，就在金朝的旧地河东南、河东北等路设立道教提点，以全真教道士为道门都提点，且有辅佐之官。《重修大纯阳万寿宫之碑》："长春之主教清和、真常二真人，乃命燕京都道录冲和大师潘德冲，充河东南北路道门都提点，办其事，以完颜志古、韩志元辅翼之。"[1] 据《普照真人玄通子范公墓志铭》，宁海全真道士范圆曦，"闻丘长春奉诏南下，诣谒于燕山，大蒙印可，俾充河间、真定等路道门提点。武仙之变，挈徒走泰山。丙戌，东平大行台严公迎修上清万寿宫，署道教都提点"[2]。范圆曦先是在蒙古太祖时期，就受掌教丘处机之命担任了河间、真定等路的道门提点，后又迁为东平路道教都提点，署事上清万寿宫，对河北、山东一带的教务发展有着重要的贡献。

元世祖中统年间（1260～1264），在全真教事较为集中的中书省直辖地、辽阳、陕西、四川和河南江北等地也相继设立道教提点（或

---

[1] 王宗昱编：《金元全真教石刻新编》，北京：北京大学出版社，2005年，第126~128页。

[2] 〔元〕李道谦：《甘水仙源录》卷4，《道藏》第19册，北京：文物出版社、上海：上海书店、天津：天津古籍出版社，1998年，第754页。

称"道门提点")、提举等职,重要地区或宫观则称都提点、都提举。道教提点一般设于路或直隶府的中心宫观,一般由掌教推荐,集贤院制授。如中统五年(1264),大都兴真观道士何志邈担任大都路的道门都提点。[1]大都路的道教提点一般署事在大长春宫。据《崇真光教淳和真人道行之碑》,至元三年(1266)冬,"诚明复以提点事恳公(王志坦)"[2]。王志坦任职四年后,山西道士申志贞接任,"尝为道教提点,住京师长春宫"[3]。又张好古撰《洞元虚静大师申公提点墓志铭》:"公名志贞,字正之……甲寅以提举教门事从宗师遍祀岳渎。……(至元)七年(1270)冬,诚明屡书邀致堂下,未几诚明上仙淳和真人复以道教都提点强公,不得已而起;随曳杖南遁,历并、汾,憩河中,所至留请者甚众。"[4]申志贞先是作为宗师助手提举教门事,后在掌教张志敬的邀请下出任道教都提点。在至元年间的佛道辩论中,还有道教提点甘志泉曾居大都的吉祥院中。[5]

中书省直辖的河间路、真定路、大名路、刑洺路、益都路、东平路、怀庆路,河南江北行省的河南府路,甚至远在东北辽阳行省的大宁路等,都属于北方传统的全真教传播之地,也都依制设立了道教提点。至元五年(1268),张志通担任大名路的道门提点。[6]至治元年(1321),崂山道士黄道盈"奉旨赍御香往鳌山祝厘,事毕,奉掌教大真人法旨,

---

[1] 王宗昱编:《金元全真教石刻新编》,北京:北京大学出版社,2005年,第102页。

[2] 〔元〕李道谦:《甘水仙源录》,《道藏》第19册,北京:文物出版社、上海:上海书店、天津:天津古籍出版社,1998年,第777页。

[3] 〔元〕鲜于枢:《困学斋杂录》,影印文渊阁《四库全书》本,第866册,第12页。

[4] 〔元〕李道谦:《甘水仙源录》,《道藏》第19册,北京:文物出版社、上海:上海书店、天津:天津古籍出版社,1998年,第793页。

[5] 〔元〕祥迈:《辨伪录》卷5,《大正新修大藏经》第52册,台北:新文丰出版社,1973年,第776页。

[6] 《浚州长春观栖真堂记》,陈垣:《道家金石略》,北京:文物出版社,1988年,第796页。

充益都路道门都提点"。至正四年（1344）春，黄道盈又奉掌教之命，"诣诸路道教所详议提点事"[1]。

元代来自陕西的全真道士道誉颇高，各地的道教提点也多从终南山而出，尹志平掌教期间，终南山重阳成道宫道士李志源被推荐为真定路道教提点。据《终南山圆明真人李炼师道行碑》，李志源于重阳成道宫师事周全道，"丙申（1296）冬适燕谒处顺堂，掌教清和宗师遇以殊礼，署炼师充真定路道门提点"[2]。在李志常掌教时期，大名、刑洺两路的教门提点李志柔也来自终南山。据《终南山楼观宗圣宫同尘真人李尊师道行碑》，"丁酉（1297）冬，真常宗师（李志常）署师（李志柔）大名、刑洺两路教门提点暨清真大师号，俾往来秦魏赵间，以办其事"[3]。作为大名、刑洺两路教门提点的李志柔，奉命往来陕西、山西和河北等地处理教门之事。

据河南省沁阳市宋寨村存元统二年（1334）立石的《大元重修聚仙观》，怀庆路全真道士张道昌重修聚仙观，"流辈服其能，保充本路（怀庆路）道门都提点、凝和大宗师，赐号隆德葆光大师、金襕紫服以旌之"[4]。张道昌以其才能被道众保举而充任怀庆路道门提点。又据《嵩阳崇福宫修建碑》，"（嵩阳崇福宫修建碑）提点罗公道全……累受惠和慈济广德大师、宗主、都提点，被以金冠法服"[5]。位于嵩山的嵩阳崇福宫是元代全真教在河南府路的重要宫观，罗道全作为宫观提

---

[1] 王宗昱编：《金元全真教石刻新编》，北京：北京大学出版社，2005年，第114~115页。

[2] 〔元〕李道谦：《甘水仙源录》卷7，《道藏》第19册，北京：文物出版社、上海：上海书店、天津：天津古籍出版社，1998年，第779页。

[3] 〔元〕李道谦：《甘水仙源录》卷7，《道藏》第19册，北京：文物出版社、上海：上海书店、天津：天津古籍出版社，1998年，第781页。

[4] 王宗昱编：《金元全真教石刻新编》，北京：北京大学出版社，2005年，第201~203页。

[5] 王宗昱编：《金元全真教石刻新编》，北京：北京大学出版社，2005年，第195~197页。

点,同时又兼任河南府路的道教都提点。

辽阳塔子沟瑞云山的云溪观,为元代全真宫观,称"天一大洞",属辽阳行省大宁路所辖,据至正七年(1347)所立的《大元辽阳等处大宁路瑞州海滨乡周家庄云溪观碑》,撰书者为"前大都大长春宫提举冲和葆素明一大师、大宁路道门提点张道中"[1]。张道中曾担任过全真祖庭大长春宫提举,受到掌教完颜德明之推重而升任为大宁路的道门提点。

陕西刘蒋村的重阳祖庵灵虚观始建于金,元太宗年间经掌教李志常奏请重建后,成为全真教在西北地区的重要传教中心,元世祖赐额"敕建大重阳万寿宫",享有"天下祖庭""全真圣地"的尊称,此时在重阳宫设立的道教提点权力颇大,管领着整个陕西行省的教务,此后管领范围又扩展到四川行省,全真教的不少掌教和高道都曾担任过此职。据姚燧《洞观普济圆明真人高君道行碑》载,中统二年(1261),高道宽以京兆路道录的身份,经张志敬诣阙保奏,"宣授陕西兴元等路道教提点兼镇重阳万寿宫事"[2]。又据至元九年(1272)所立的《玄门嗣法掌教宗师诚明真人道行碑铭并序》,高道宽的署名为"陕西等路兼兴元府道门提点兼领重阳万寿宫事洞观普济广德圆明真人"。至元十三年(1276)安西王"教令又益以西蜀四川道教提点兼领重阳万寿宫事",管领的范围又增加了四川行省,称为"陕西五路西蜀四川道教道教提点"或"秦蜀道教提点",管领的范围包括陕西行省的奉元路、兴元路、延安路、河州路、脱思麻路等五路和四川行省的西部成都路、嘉定府路、广元路、顺庆路等四路,合称"提点秦蜀九路道教",

---

[1] 〔清〕和珅:《钦定热河志》卷22,影印文渊阁《四库全书》本,第496册,第325页。
[2] 〔元〕李道谦:《终南山祖庭仙真内传》,《道藏》第19册,北京:文物出版社、上海:上海书店、天津:天津古籍出版社,1998年,第542页。

是全真教内执掌范围最广的道教提点，而且为了辅助道教提点的工作，还特别设立了副提点和提举，如孙德彧担任陕西五路西蜀四川提点时，范道和担任副提点、杨志瑞担任提举。[1]

据《大重阳万寿宫圣旨令旨碑》载，营建陕西大重阳宫的关键人物李道谦，曾任京兆路道录，至元十四年（1277）五月宣授陕西五路西蜀四川道教提点[2]；至元十七年（1280年）正月，又授为陕西五路西蜀四川道教提点兼重阳万寿宫事；至元二十四年（1287），李道谦在《玉阳体玄广度真人王宗师道行碑铭并序》中署为提点秦蜀九路道教天乐道人李道谦[3]。在此期间，其徒孙德彧又以京兆路道录担任安西路道门提点，同时期还有何道宁担任陕西兴元等路教门提点、卫致夷署为前诸路道教提举等。[4]孙德彧后继任了陕西五路西蜀四川道教提点[5]，《文仙谷纯阳洞演化庵记》中就称孙德彧为提点秦蜀道教开玄孙尊师[6]。至元辨伪之后，全真教受到很大的打击，传教重心也逐渐转移至陕西、四川等地，因此这一职位也愈加重要。据《玄门掌教大宗师尹公道行碑铭并序》，尹志平的法孙陈德定，师事重阳知宫仇志隆，于"元贞二年（1296）赐号栖玄致道通真法师，三年（1297）

---

[1]　《全真开教秘语之碑》，陈垣：《道家金石略》，北京：文物出版社，1988年，第429页。

[2]　〔元〕朱象先：《古楼观紫云衍庆集》，《道藏》第19册，北京：文物出版社、上海：上海书店、天津：天津古籍出版社，1998年，第565页。

[3]　〔元〕李道谦：《甘水仙源录》卷2，《道藏》第19册，北京：文物出版社、上海：上海书店、天津：天津古籍出版社，1998年，第736页。

[4]　〔元〕李道谦：《甘水仙源录》卷2，《道藏》第19册，北京：文物出版社、上海：上海书店、天津：天津古籍出版社，1998年，第814页。

[5]　〔元〕朱象先：《古楼观紫云衍庆集》，《道藏》第19册，北京：文物出版社、上海：上海书店、天津：天津古籍出版社，1998年，第565页。

[6]　〔元〕朱象先：《古楼观紫云衍庆集》，《道藏》第19册，北京：文物出版社、上海：上海书店、天津：天津古籍出版社，1998年，第562页。

宣授秦蜀道教提点"[1]。

大德九年（1305），宋德方奉命提点陕西教门事，许德仁为提举。[2]至正元年（1341）所立的《宗圣宫设五品级提点所公文碑》，其中有"陕西等处诸宫观事都提点寇德真"。又据至正四年（1344）立石的《五台山静明宫瑞槐记》，碑末署名人有"通玄希真大师奉元路耀州道门提举知静明宫事赐紫怡德素，洞和明道崇真大师延安路道门提点知静明宫事仍赐紫杨德荣，洞照明玄虚静大师奉元路大重阳万寿宫提点兼本路道门事赐紫焦德润"。据陕西重阳宫现藏《蒙汉文合刻大元宸命碑》，杨德荣和焦德润先后在至正十一年（1351）和至正二十三年（1363）升任诸路道教都提点，陕西全真道士之才能出众可见一斑。

江南各路道教提点

全真教在北方诸路广泛设立各路道教提点，建立了系统的教门事务管理体系。在江南道教所管辖之地的江浙行省、江西行省的路一级，也偶见道教提点的设置。如宋末元初的著名茅山派道士杜道坚，与元代玄教张留存关系密切，住持杭州的宗阳宫。至元十七年（1280）授杭州路道教提点，赐号冲真崇正大师[3]；大德七年（1303）复授杭州路道录、教门高士，仍主持宗阳宫；延祐中，开元宫提点王寿衍领杭州路道教诸宫观；至正间，薛延风领杭州路道教诸宫观兼领镇江道教[4]，以一人兼两路道教提点之职，这在元代也是十分普遍的。

---

[1] 〔元〕王恽：《秋涧先生大全文集》卷56，影印江南图书馆藏《四部丛刊》明弘治刊本，第1142页。
[2] 《宋披云道士颂》，陈垣：《道家金石略》，北京：文物出版社，1988年，第485页。
[3] 〔元〕任士林：《松乡集》卷1，影印文渊阁《四库全书》本，第1196册，第506页。
[4] 《元故弘文辅道粹德真人王公碑》，陈垣：《道家金石略》，北京：文物出版社，1988年，第991页。

江西行省有江州路道教提点之设，据《庐山太平兴国宫采访真君事实》，至元十六年（1279）的"重建地主祠祝版"，署名有"通妙冲真大师江州路道教都提点管辖诸宫观太平兴国宫都监住持宫事周得一、明素凝和大师江州路道录提举诸宫观知太平兴国宫事周承源"[1]，可知江州路道教都提点和江州路道录大概都署事在庐山的太平兴国宫，江南诸路道教都提点玄教宗师张留孙曾多次在此降香设醮。

在中书省直辖的保定路及易州也设立了道门提点、提举等，以管领本路的道教事务。例如，远在北方的保定路易州龙兴观，属正一支派，据《易州在城龙兴观宗支道派》，龙兴观道士王道润、缑德宁先后担任保定路道门提点，杜道益曾任提举，缑德宁还兼任易州的道门提举。[2]

太一教各路教门提点

真大道除了统辖诸路真大道道教所之外，未见在诸路设置道门提点的记载，而太一教则在卫辉路和真定路等地设立过教门提点。据《故真靖大师卫辉路道教提点张公墓碣铭并序》，"公讳善渊，字几道，赵郡平棘人……丙午（1246）夏四月，侍中和赴太后幄殿，及见亦沾宠眷，奏受真定路教门提点……壬子（1252）夏六月，复从中和北觐岭邸，加号真靖大师，改提点卫辉路道教事"[3]。张善渊随四祖中和真人萧辅道觐见太后唆鲁禾帖尼，深受朝廷的恩宠，先后提点真定路和卫辉路太一教教事。据《太一五祖演化贞常真人行状》，至元三年

---

[1] 〔元〕叶义问：《庐山太平兴国宫采访真君事实》，《道藏》第32册，北京：文物出版社、上海：上海书店、天津：天津古籍出版社，1998年，第693页。

[2] 《易州在城龙兴观宗支道派》，陈垣：《道家金石略》，北京：文物出版社，1988年，第988页。

[3] 〔元〕王恽：《秋涧先生大全文集》卷61，影印江南图书馆藏《四部丛刊》明弘治刊本，第1218页。

（1266），五祖萧居寿又奏授保举师张善渊为"真靖大师教门提点"[1]。

据《凝寂大师卫辉路道教提点张公墓碣铭并序》，萧辅道的弟子张居祐，在六祖萧全岭掌教时期，继任太一教卫辉路道教提点："至元十九年（1282），六代纯一真人嗣主法席，以师道行纯粹，勤恪有功，言于朝，宣授凝寂大师卫辉路道教都提点，七年间，道流推服，教门增重焉。"[2]

---

[1] 〔元〕王恽:《秋涧先生大全文集》卷47，影印江南图书馆藏《四部丛刊》明弘治刊本，第981页。
[2] 〔元〕王恽:《秋涧先生大全文集》卷61，影印江南图书馆藏《四部丛刊》明弘治刊本，第1222页。

4 政府地方各级道官

各路以下道官的设置不分教派，袭取金朝道官制度并加以改定，按例路设道录司、州设道正司、县设威仪司，各司分别设道录、道判、道正、威仪等职，掌管本地区的地方道教事务，归地方长官和本地区道门都提点的管辖；基层宫观则置知观、住持、宗门提点、提举、提领等道官，以分领其事。各级道官往往又相互兼职，如都提点、提举、道录、道正、威仪等一般都兼任某个宫观的住持、提点等职务，此宫观也便自然成为该道官的署事之所。

道录司道录、道判

地方路一级（包括直隶府、直隶州）的道录司中设有道录、道判等职位，一般由本路宫观道士为之，有时也称都道录、都道判，其中道录为正官，道判为副官，然职位皆稍低于本路都提点。金元之际，燕京、河北、山东等地最早为蒙古军队所占领，彼时燕京路仍仿照金朝道官制度设立道录司，丘处机的弟子潘德冲，就在当时担任过燕京路都道录，太宗年间（1229～1241）先后累升诸路道教都提举兼燕京路都道录、河东南北两路的都提点。

太宗六年（1234）金亡，1260年忽必烈建元中统，元朝建立后的北方各路同样设立道录司以管理道教。中统三年（1262），全真道士邢志举担任晋宁路道判一职。[1]中统四年（1263），世祖据河南府路道录司状，颁给古道观道士免除差税的公据一道。[2]至元以来，全国政局逐渐稳定，各路道录司普遍建立起来，据至元九年（1272）《创建清真庵记》，立石人有"益都府路都道录荣真大师赐紫陈志兴，滕州管内威仪悟真大师赐紫杨志通"[3]等人；至正四年（1344）《提点吴公墓志》，立石人有"明真安道冲玄大师前益都路道判"[4]；至元二十三年（1286）汲县《玉清观碑》，碑末署名者就有南京路前道录杜志忠、彰德路道判张道成等道官名录，其中道录司职官包括了都道录、道判两类道官。

元朝占领陕西后，改京兆府为安西路，改巩昌府为巩昌路。至元元年（1264）《重修北极宫碑》，冯道士署为"宣授巩昌路都道录兼利州路道门提点"[5]。至元初年，重阳宫全真道士孙德彧授安西路都道录，后升任安西路道门提点。一般来说，路设道录称"某路都道录"或"某路道录"，直隶府设道录称"某府管内道录"，直隶州设道录则直称"某州道录"。如至元十八年（1281），撰书者袁志安就署为

---

[1]《玄都至道披云真人宋天师祠堂碑铭并引》，陈垣：《道家金石略》，北京：文物出版社，1988年，第549页。

[2] 张宗子、赵玉珍主编：《新安文史丛编·考古卷》，郑州：河南人民出版社，2015年，第264页。

[3]《创建清真庵记》，陈垣：《道家金石略》，北京：文物出版社，1988年，第605页。

[4] 王宗昱编：《金元全真教石刻新编》，北京：北京大学出版社，2005年，第60页。

[5]《重修北极宫碑》，陈垣：《道家金石略》，北京：文物出版社，1988年，第616页。

"凤翔府管内道录"[1]；至元二十四年（1287），立石人有"观妙大师曹州道判王志聪、洞妙冲和大师曹州道录薛志常"[2]。虽然同为道录，但直隶府、州道录的职位均比路级的都道录稍低。

灭南宋后，元朝对江南道教也同样设官管理，并以正一真人统领江南各级道官。至元十四年（1277），元世祖赐天师张宗演演道灵应冲利真人，"给三品银印，令主江南道教事，得自出牒度人为道士。诸路设道录司、州设道正司、县设威仪司，皆属焉"。任士林撰有《代道录司贺天师寿》[3]，也表明道录司衙门是正一真人所辖道司。当然，道录司同时也受本路长官和道教提点的节制，在《庐山太平兴国宫采访真君事实》所载"上元醮意"中，同时提到了"江州路达鲁花赤总管府、同本路提点、道录司……启建祝圣灵宝清醮一座"[4]，表明道录司作为地方道教衙门，要配合地方长官、道教提点共同负责处理本路道教事务。

道正司道正、道判

金朝曾于各州设道官管内威仪，入元以后，在山东等地仍然有州设管内威仪。据至元九年（1272）所立的《创建清真庵记》碑末所载，立石人之一就有"滕州管内威仪悟真大师赐紫杨志通"[5]。另据至元

---

[1]《全真第五代宗师长春演道主教真人内传》，陈垣：《道家金石略》，北京：文物出版社，1988年，第636页。

[2]《曹州有莘重修大清观碑》，陈垣：《道家金石略》，北京：文物出版社，1988年，第657页。

[3]〔元〕任士林：《松乡集》卷10，影印文渊阁《四库全书》本，第1196册，第593页。

[4]〔元〕叶义问：《庐山太平兴国宫采访真君事实》卷4，《道藏》第32册，北京：文物出版社、上海：上海书店、天津：天津古籍出版社，1998年，第678页。

[5]《创建清真庵记》，陈垣：《道家金石略》，北京：文物出版社，1988年，第605页。

十一年（1274）所立的《黄庭观记》，碑末署名有"赐紫宁和大师行莒州威仪蔡德和"[1]。这是元代州设威仪仅有的两例，而道正和道判则是元代诸州道官的标准职位。

　　州郡设道正始于南朝梁武帝时，而元代于州道正司衙门之设，则是继承北宋的道官制度。元代在直隶州之外的普通州，则按例设立道正司，置道正为正官，以道判为佐贰。据至元元年（1264）所立的《辉州重修玉虚观碑》，署名有"先师老尊宿提点前辉州道正通玄弘教大师张道灿"[2]。元武宗至大二年（1309）王屋山立《重修天坛碑铭》，署名有"怀孟州道正蒋道源和道判高志明"[3]。各州的道正、道判，一般兼任本州重要宫观的住持或提点等职位，如元仁宗皇庆元年（1312）所立的《安邑长春观札付》，解州前道正介志微同时也兼任着安邑县长春观的住持[4]，《栾氏修神清宫残碑》所载海州道正孙道衍同时也是神清宫的提点。以宫观住持、提点等本地道门大德兼任州县道官，一方面发挥道门领袖的道德表率，另一方面道官署事之所也得以附于宫观之内，获得宫观的资助和支持。

　　至元二十八年（1291）所立的《重修隆阳宫碑》，保存了真大道在大都路各州的道官名录，其中有大都路所辖的涿州道正宋德宣、固安州道正张成禄、雄州道正赵德行、易州道正李德广等，也是元代真大道地方道官记载的稀见材料。

---

[1] 《黄庭观记》，陈垣：《道家金石略》，北京：文物出版社，1988年，第1103页。
[2] 《辉州重修玉虚观碑》，陈垣：《道家金石略》，北京：文物出版社，1988年，第576页。
[3] 《重修天坛碑铭》，陈垣：《道家金石略》，北京：文物出版社，1988年，第505页。
[4] 《安邑长春观札付》，陈垣：《道家金石略》，北京：文物出版社，1988年，第513页。

威仪司威仪

金朝道官制度中的州设威仪，在元代则改为县设威仪，并建有威仪司衙门，一般设于道官所住的宫观之中。各县的威仪参与地方宫观建设，贡献颇多，在许多碑刻资料中留下了他们的姓名。据至元二十六年（1289）所立的《大元凤翔府岐山县官村创建通玄观记》，参与通玄观创建的道士中就有"岐山县威仪赐紫董守常"。又据至元二十七年（1290）所立的《重建昊天宫碑》和《重修白云观碑》，碑末署名都有一位"益都县威仪韩道茂"[1]，是重建益都县昊天宫和白云观的积极赞助者。至元三十一年（1294）所立的《重修修真观记并序》，碑末也记载了重修修真观的重要人物"渑池县威仪司威仪范道□、本县前威仪李元道"[2]。大德五年（1301），渑池县道士李元常创立兴国观，玄元观住持威仪关自弼列在功德芳名之中。[3]

大德四年（1300），"灵宝县威仪、太初宫提点杨道信"参与了本县太初宫的重修工作并立石纪念[4]。据大德五年（1301）《洞神宫碑》，立石人是"稷山县前威仪王志清"与现任"稷山县威仪白志素"，并为功德主。颇有趣味的是，紧跟其后署名还有一位"稷山县知文段道安"。[5]"知文"这个职位并不多见，判断应是县威仪司掌管文书的职位，是威仪的助手。

元朝北方州县道官多为全真道士担任，而《重修隆阳宫碑》则记

---

[1] 《重建昊天宫碑》，陈垣：《道家金石略》，北京：文物出版社，1988年，第665~666页。

[2] 《重修修真观记并序》，陈垣：《道家金石略》，北京：文物出版社，1988年，第682页。

[3] 《创立兴国观记》，陈垣：《道家金石略》，北京：文物出版社，1988年，第705页。

[4] 《重修太初宫碑》，陈垣：《道家金石略》，北京：文物出版社，1988年，第705页。

[5] 《洞神宫碑》，陈垣：《道家金石略》，北京：文物出版社，1988年，第707页。

载了真大道在大都路的地方道官名录,其中有房山县威仪黄德元,为所见真大道仅有威仪。

基层宫观道官

基层宫观除了主首的住持(亦称知某宫事、知某观事)之外,也多见设立提点、提举、提领等,甚至一个宫观之中常有数人同时担任提点,造成道官冗员。许多重要的宫观还建有提点所官署,礼部颁给提点所正五品的印信,以便与各级道司、道教所、集贤院等各机构公文往来所用。宫观提点颁正五品的印信,可见元代道官所受官方优崇,如大德八年(1304)六月,"又钦奉护持及诸宫观,蒙中书礼部铸给杭州路洞霄宫提点所印信"[1]。又据至正元年(1341)所立《大宗圣宫设五品级提点所公文碑》载:"议得陕西等处诸宫观事都提点寇德真□□□□□古楼观太清大宗圣宫提点所印,既铸印局比例明白,拟合□□□□印□即给付行使,相□□蒙准,呈本部依上施行。具呈……礼部依上施行,奉此省部合□仰照验依例铸造施行,(上缺)奉元路太清大宗圣宫提点所五品铜印一颗。"

元代二教设官如有司,其衙门与世俗官府无异,元大儒吴澄就如此批评:"道官出入,驺从甚都,前诃后殿,行人辟易,视都刺史、郡太守无辨。"[2] 元成宗大德七年(1303),儒士郑介夫也上奏曰:"今各寺既有讲主、长老,各观既有知观、提举,足任管领之责。随路又滥设僧录司、道录司,各县皆置僧纲、威仪,反为僧、道之蠹,所宜

---

[1] 〔元〕邓牧:《大涤洞天记》,《道藏》第18册,北京:文物出版社、上海:上海书店、天津:天津古籍出版社,1998年,第142页。

[2] 〔元〕吴澄:《吴文正集》卷47,影印文渊阁《四库全书》本,第1197册,第491页。

革去也。且僧道另设衙门，三代以下，前所未闻，亡金弃人尚鬼，故立二司，与民官鼎立而三，岂谓巍巍圣朝，不师古圣王之常法，而踵残金之弊政耶？"[1]于是成宗听取意见，诏罢僧道衙门，但不久又再次恢复。

---

[1]〔明〕杨士奇：《历代名臣奏议》卷67，上海：上海古籍出版社，1989年，第761页。

5 小结

　　元代的道官制度，在继承宋代道官制度的基础上，又有不少变革。在元代开放的宗教政策下，除了至元焚经事件之外，各种宗教都得到了官方的扶持，元代道教的地位和影响力都很大。元代新道派纷出，各成独立的体系，而官方亦乐观其成，设官分而治之，并给予道官充分的自治权力。集贤院统领全国道教事务，多由玄教宗师、全真掌教和正一神人担任，南北道教所则是分别管理正一派和全真派的具体管理部门。此外玄教总摄所和真大道总辖所，实为南北道教所之领。各路州县各级设立自上而下的道司，如同官府衙门。道官的品级和待遇超越前朝，许多道官攀援富贵，结交世俗，渐渐沾染世俗官府的习气，伪滥丛生，以至于屡遭儒家士大夫的批评，但始终难以彻底改变局面。

六 明代道官制度

明代是中国古代道官制度最为成熟的时期，所建立的道官制度基本上为清代所继承。明朝一方面尊崇道教，另一方面又强化对道教的管理和控制。在继承元朝道官制度的基础上，明初建立系统的道官制度，进一步加速了道官的世俗化和官僚化。在京城设道录司总管道教事务，在地方府设道纪司，州设道正司，县设道会司，皆设官不给俸禄。同时于太常寺置神乐观掌管国家祭祀乐舞，设提点、知观等职；龙虎山设正一真人、法官、赞教、掌书等，阁皂山、茅山各设正副灵官各一人，太和山、齐云山、王屋山等重要道教名山各设提点等官。

1 从玄教院到道录司

玄教院的开设与革除

明代所设的第一个中央道教衙门是玄教院。1368年,朱元璋于南京称帝,国号大明,年号洪武。明太祖朱元璋登基后,着手建立新的国家官僚机构,其中僧道衙门即在此时建立的。洪武元年(1368)春正月,"立玄教院,以道士经善悦为真人,领道教事"[1]。除以经善悦为真人外,目前尚无确切的资料表明玄教院的其他道官设置情况。据洪武二年(1369)春二月《敕祀南岳之记》,署为"玄教院朝天宫提举臣杨又玄"[2]所记,可以判断玄教院当时署事于南京朝天宫,并置有朝天宫提举之职。

玄教院建立后,就遇到一件道门纷争事务需要处理。据《梁道士传》载,"建州(治今福建建瓯市)两道士争住持,相与诉于中书,丞相

---

[1] 《明实录·太祖实录》卷29,"洪武元年春正月",台北:"中央研究院"历史语言研究所,1962年。

[2] 〔明〕解缙、姚广孝等:《永乐大典》卷8684,明嘉靖隆庆间内府重写本,第22页。

李公命玄教院择高行道士往平之，而玄教院以属（梁）贞，贞至建州，折以片言，两道士委服"[1]。从这个公案来看，明初所建立的玄教院，还不能够成为体制完备的道教衙门，在管理道门事务方面，玄教院自身并无相应的地方分支机构和吏员，遇有地方道士纷争等事，玄教院只好临时委派有影响的高道来处理。

道录司衙门与道官定额

洪武四年（1371）玄教院被革除，不久后又重新开设。洪武十四年（1381）十一月"甲戌，革善世、玄教二院"[2]。至此玄教院才最终得以废除，新的道教衙门正在筹划之中。早在洪武十四年六月，僧道录司的开设事宜就已经充分商讨成熟，经礼部钦依决定开设，并制定了详细的僧道官条例。《金陵梵刹志》载：

> 六月二十四日，礼部为钦依开设僧、道衙门事。照得释、道二教，流传已久，历代以来，皆设官以领之，天下寺、观、僧、道数多，未有总属，爰稽宗制，设置僧、道衙门，以掌其事，务在恪守戒律，以明教法。所有事宜，开列于后：
> ——在京设置僧录司、道录司，掌管天下僧、道，选精通经典、戒行端洁者铨之。其在外布政（司）府、州、县各设僧纲、僧正、僧会、道纪等司衙门，分掌其事。
> 僧录司掌天下僧教事：

---

[1] 《梁道士传》，〔明〕苏伯衡：《苏平仲文集》卷4，影印上海涵芬楼《四部丛刊》初编缩印本。
[2] 《明实录·太祖实录》卷140，"洪武十四年十一月"，台北："中央研究院"历史语言研究所，1962年。

善世二员，正六品：左善世、右善世；

阐教二员，从六品：左阐教、右阐教；

讲经二员，正八品：左讲经、右讲经；

觉义二员，从八品：左觉义、右觉义。

道录司掌天下道教事：

正乙二员，正六品：左正乙、右正乙；

演法二员，从六品：左演法、右演法；

至灵二员，正八品：左至灵、右至灵；

玄义二员，从八品：左玄义、右玄义。

各府僧纲司掌本府僧教事，都纲一员，从九品，副都纲一员；各府道纪司掌本府道教事，都纪一员，从九品，副都纪一员。

各州僧正司掌本州僧教事，僧正一员；道正司掌本州道教事，道正一员。

各县僧会司掌本县僧教事，僧会一员；道会司掌本县道教事，道会一员。

——各府、州、县寺、观僧、道，并从僧录司、道录司取勘，置文册，须要开写某僧、某道姓名、年甲、某布政司某府某州某县籍、某年于某寺观出家、受业某师、先为行童几载、至某年某施主披剃簪戴、某年给授度牒，逐一开报。

——供报各处有额寺、观，须要明白开写本寺、本观始于何朝，何僧、何道启建，或何善人施舍。

——僧、道录司衙门，全依宋制，官不支俸。吏与皂隶合用人数，并以僧道及佃仆人等为之。

——僧、道录司官体统，与钦天监相同。出入许依合用本品伞盖，遇官高者即敛之。

——各处寺、观住持，从本处僧、道衙门举保有戒行、老成、谙通经典者，申送本管衙门，转申僧录司、道录司考试，中式，具申礼部奏闻。

——各府、州、县未有度牒僧、道，许本管僧、道衙门具名，申解僧纲司、道纪司，转申僧录司、道录司考试，能通经典者，具申礼部，类奏出给。

——在京、在外僧、道衙门，专一简束僧、道，务要恪守戒律，阐扬教法。如有违犯清规、不守戒律，及自相争讼者，听从究治，有司不许干预。如犯奸盗非为，但与军民相涉，在京申礼部酌审，情重者送问，在外即听有司断理。[1]

如果说玄教院承袭了元代宣教院，那么道录司就是宋代道录院的翻版。洪武十五年（1382）四月，朱元璋即令礼部"爰稽宋制"，正式启用了新的僧道官制度。按照政府行政级别设置了从中央到地方的各级僧道衙门，将僧道官纳入世俗官僚体系："洪武十五年夏四月，置僧道二司，在京曰僧录司、道录司，掌天下僧道；在外府州县设僧纲、道纪等司，分掌其事，俱选精通经典、戒行端洁者为之。"[2]

明代僧道录司属正六品衙门，在行政上属礼部所辖，同时刑部和监察御史亦行司法和监督之责。北京道录司分别由刑部四川清吏司带管、十三道监察御史四川道协管，南京道录司也由南京刑部四川清吏司带管、十三道监察御史四川道协管。明代的僧道官制度，在洪武时

---

[1] 〔明〕葛寅亮：《金陵梵刹志》卷2，《续修四库全书》第718册，上海：上海古籍出版社，1995年。
[2] 《明实录·太祖实录》卷144，"洪武十五年夏四月"，台北："中央研究院"历史语言研究所，1962年。

代已经基本确立,作为明代祖制一直遵守。朱元璋建立的僧道官制度,作为国家基本官制写入《大明官制》,终明沿用不废,且为清代所沿袭。

道录司署事朝天宫

朱元璋将道录司设于南京朝天宫。《明会要》:"国初置玄教院,洪武十五年改道录司,正六品衙门,设左右正一、左右演法、左右至灵、左右玄义,职专道教之事,属礼部,其衙门建于朝天宫。"[1]道录司定为正六品衙门,属礼部管辖,衙门设在朝天宫。按洪武初设玄教院,就曾署事于朝天宫,道录司自玄教院改设而来,故仍以朝天宫为公署。及至洪武十七年(1384)七月重"建朝天宫,为习仪处"[2],道录司即正式设于宫内。"洪武十七年秋七月建朝天宫,其地即吴治城,晋西州故址,南宋时始置总明观,唐建紫极宫,宋真宗大中祥符间改祥符宫,寻改天庆观,元元贞时改玄妙观,文宗时又改永寿宫,至是重建,赐名朝天宫,设道录司于内。"[3]永乐十八年(1420),明成祖迁都北京,中央官僚机构随之北迁,南京作为故都重地仍置道录司衙门,于朝天宫内设官署事,掌南京祭祀典礼及江南道教事务等。明朝中后期南京道录司职官已不全设八员,且道官多为带衔闲住,并无真正的管辖实权。孝宗即位之初,即大量裁汰宪宗时所传奉的大批僧道官,南京道录司只留左右至灵2员、左右玄义2员。万历时再次裁南京衙门官员,南京道录司仅设有左右玄义2员住朝天宫内。

---

[1] 〔清〕龙文彬:《明会要》卷178,北京:中华书局,1956年,第3382页。
[2] 〔明〕查继佐:《罪惟录》卷28,《四部丛刊》三编影印上海涵芬楼藏校钞本。
[3] 《明实录·太祖实录》卷163,"洪武十七年秋七月",台北:"中央研究院"历史语言研究所,1962年。

迁都北京后，道录司公署所在几经变迁，未有定所，直至宣德中建朝天宫，置道录司于内。据赵亮先生的考证，"永乐初建灵济宫于城西小时雍坊，置道录司于内"[1]。但不知资料所据。按"太宗文皇帝肇建北京，制度未备"，迁都北京之初，道录司大概亦未有固定的公署。永乐帝以灵济宫为百官习仪之所[2]，规制与南京朝天宫相当，故此在北京朝天宫建成以前，道录司寓于灵济宫也是有可能的。作为地位尊崇的皇家宫观，灵济宫事务多由道录司官主管。永乐十七年（1419），南昌玄妙观道士吴大节授道录司左至灵，主管洪恩灵济宫[3]；宣德中，邵以正以道录司右演法住持灵济宫[4]；万历中，灵济宫仍设道官焚修。

宣德七年（1432）六月，"命行在工部度地建朝天宫于西直门内"[5]，诏道录司官吴大节"经化其制"，如南京朝天宫之规，次年八月宫成，"为习仪之所，内设道录司，主天下道观之事"[6]。沈榜《宛署杂记》曰："朝天宫在河漕西坊，宣德八年诏如南京式建，为习仪之所，内设道录司主天下道观之事。告成日，有景星见西北。"[7]自宣德八年（1433）朝天宫成，道录司遂移署于此。

---

[1] 赵亮：《明代道教管理制度》，《世界宗教研究》1990 年第 3 期。

[2] 〔明〕查继佐：《罪惟录》卷 7："嘉靖九年（1530）……朝贺习仪正旦、冬至于朝天宫，圣节于灵济宫，前后三日通政司不奏事。……宣德五年（1430）……凡朝会百官俱赴朝天宫及灵济宫习仪。上曰：'翰林习可不赴。'至成化中汪直酷诃察翰林，遂不敢不至，独内阁与东西两房免。"卷 27："习仪例在朝天宫、灵济宫二所，独翰林院官不与。"

[3] 〔明〕王英：《王文安公诗文集》卷 5，"道录司左正一吴公墓志铭"，影印上海涵芬楼藏《四部丛刊》校本。

[4] 《邵仲仁墓表》，〔明〕杨士奇：《东里集·续集》卷 31，影印上海涵芬楼藏《四部丛刊》校本。

[5] 《明实录·宣宗实录》卷 91，"宣德七年六月"，台北："中央研究院"历史语言研究所，1962 年。

[6] 〔明〕沈榜：《宛署杂记》卷 19，影印明万历二十一年刻本。

[7] 〔明〕沈榜：《宛署杂记》卷 18，影印明万历二十一年刻本。

据《畿辅通志》，朝天宫在西直门内，旧址为"元之天师府也"[1]，又据明嘉庆间所编《京城五城胡同集》，朝天宫在阜成门街北，内有天师府、道录司、习仪等。阜成门与西直门相去约四里，朝天宫址当在两门之间的河漕西坊[2]，宫之前门在阜成门内，东接妙应白塔寺，而宫后的天师府已在西直门内，规制宏阔可知。成化十六年（1480）二月重修朝天宫。

鉴于朝天宫特殊的政治地位，加之于道录司衙门常设于朝天宫，故此宫观事务也就由道录司官直接兼为主持。永乐时住持灵济宫的道录司左至灵吴大节，在宣德八年（1433）朝天宫建成后即以道录司官主持宫事，正统元年（1436）升左正一，仍兼朝天宫住持。据《道录司左正一吴公墓志铭》："宣德间建朝天宫于城西，召大节经化其制，宫成，命为主持。皇上嗣登大宝，升道录司左正一，仍兼朝天宫住持，领天下道教。"[3]景泰元年（1450），茅山道士汤希文"升右正乙，兼朝天宫住持"[4]。景泰六年（1455）夏，汤希文弟子丁月渊"入朝为道录右街玄义，兼朝天宫住持"[5]。

天启六年（1626）"六月廿夜，朝天宫灾，有异状，无火而延，十三殿齐火，不以次第及，烬不移刻，无所存遗"[6]。据清人孙承泽《天府广记》所载，朝天宫天启大火实因地震而起，"天启六年五月

---

[1] 〔清〕黄彭年等：《畿辅通志》卷51，影印文渊阁《四库全书》本。

[2] 〔清〕朱一新：《京师坊巷志稿》："河漕西坊即西城坊，自建朝天宫后，又分为朝天坊。"清光绪二十二年（1896）葆真堂刻本。

[3] 〔明〕王英：《王文安公诗文集》卷5，《续修四库全书》第1327册。

[4] 〔清〕杨世沅：《句容金石记》卷7，《石刻史料新编》第3辑，第9册，新文丰出版社，1977年，第6599页。

[5] 〔明〕王廷贵：《思轩文集》卷23，"道录司右玄义月渊丁公传"，影印北京大学图书馆藏《续修四库全书》明弘治刻本。

[6] 〔明〕刘侗编：《帝京景物略》卷4，影印湖北省图书馆藏《续修四库全书》明崇祯刻本。

二十一日灾，止存张真人府。府设道录司，元三碑存。是年五月初六日，王恭厂地雷裂地十余丈，倾屋万计，毙人三千余。至二十一日，朝天宫殿门紧闭，火发于内"[1]。

天启六年朝天宫毁而道录司和百官习仪受到很大影响，《明实录·熹宗实录》："天启六年十月，以朝天宫灾，命文武百官改为灵济宫习仪。"[2]朝廷改灵济宫习仪，未知道录司是否也一并移署。朝天宫毁后北京道录司公署所在不见文献记载，但道录司各官分散京城宫观署事的现象已经非常普遍。实际上早在嘉靖中，道录司官早已散于京城各处宫观署事，系道录司所委派。据《太常续考》，嘉靖四年（1525），"礼部覆奉钦依真武庙著神乐观、道录司各用一人住持"[3]。据此可知道录司官曾住持过真武庙。据北京《东岳庙碑记》，万历十八年（1590），道录司道官刘正廉住持朝阳门外之东岳庙；据雍正《畿辅通志·寺观》，万历二十二年（1594），皇帝"命灵济宫道官白昭忻建醮三日夜"，可知当时京城重要宫观都是由道录司官住持焚修的。

道录司的高道集团

明代道教分正一和全真两大派，各级道官多用正一道士，而全真道士基本上少有参与。在正一派内部，实际上又可以具体划分为清微、灵宝、正一、净明乃至更多的道派。龙虎山正一真人自宋元以来，历朝受到皇室的封赐掌领天下道教，已经成为实际意义上的道教领袖。朱元璋建立道教衙门，力图削弱龙虎山对道教的影响力，建立国家掌

---

[1] 〔清〕孙承泽：《天府广记》卷38，影印辽宁省图书馆藏《续修四库全书》清钞本。
[2] 《明实录·熹宗实录》卷77，"天启六年十月"，台北："中央研究院"历史语言研究所，1962年。
[3] 〔明〕作者未详：《太常续考》卷6，影印文渊阁《四库全书》本。

控的道教管理体系，故此有意培养亲近皇室的道门新领袖。

刘渊然（1351～1432），祖籍徐州萧县（今安徽萧县），祖父伯成曾仕赣州路总管，乃迁江西赣县。刘渊然幼为龙虎山祥符宫道士，道号体玄子，先受业于胡、张二师，复师事江西于都紫阳观赵宜真。朱元璋慕其名，"洪武癸酉（1393）被召命之阙下，深见契奖，旋蒙赐号高道，命建西山道院于朝天宫以居之。间受命乘传为名山洞府寻真之游，上匡庐，过鄂渚，至武当山，即被召还，擢右正一。永乐初年迁左正一"[1]。后因得罪朝中的权贵，永乐中刘渊然被贬谪至云南，于是在昆明、大理等地传教，创净明道长春派。洪熙元年（1425），刘渊然还朝受封，赐号"冲虚致道玄妙无为光范演教长春真人"，并奏请立云南、大理、金齿三府道纪司，对明代云南道教的发展做出了重要贡献。宣德七年（1432），刘渊然卒于南京，著名弟子有邵以正、蒋日和、徐道广、芮道才、李道如等，其中邵以正在宣德至正统间历任道录司玄义、演法、正一等官，芮道才曾为大理府道纪司都纪，蒋日和为昆明龙泉观提点。

刘渊然来自江西龙虎山，与正一派的关系最为密切，但其教派背景十分复杂，"得清微、灵宝、净明、神霄诸法之传"[2]，与全真、正一两派道士都有很好的关系，但刘渊然的道派更多与赵宜真有关。在刘渊然之前，已有赵宜真的另一弟子曹希鸣掌握道录司的大权。曹希鸣，本江西龙虎山仙隐院道士，曾师事龙虎山仙隐院正一道士薛太虚，后师事净明宗师赵宜真，"道法为当时所称"[3]，第四十三代天

---

[1]《龙泉观长春真人祠记》，陈垣：《道家金石略》，北京：文物出版社，1988年，第1261页。

[2]〔明〕徐有贞：《福济观新建祠宇记》，〔明〕陈昉编：《吴中金石新编》卷6，影印文渊阁《四库全书》本。

[3]〔清〕娄近垣编：《重修龙虎山志》卷7，《道藏》第36册，北京：文物出版社、上海：上海书店、天津：天津古籍出版社，1998年，第125页。

师张宇初与其"雅相善",赞赏其"以道行诚笃,日承宠光,度越前代,是岂非有以赞清静无为之化而然哉"并师事之[1],及曹希鸣卒,张宇初亲为撰写墓志铭。曹希鸣在洪武初赴京选授为道录司右演法,不久"正一员缺",曹希鸣掌道录司事并兼朝天宫提点。洪武二十八年(1395)曹希鸣以右演法兼朝天宫住持,洪武三十年(1397)卒于京,享年六十七岁。曹希鸣有弟子吴葆和,也在洪武年间授左至灵,这可能就是道录司官派系化的开始。刘渊然在洪武中十年间游历全国,迟至洪武末才擢为道录司右正一,这时候他的同门师兄曹希鸣已经去世。刘渊然在永乐初升左正一,正式成为道录司的最高长官,拉开了长春派高道集团把持中央道录司衙门的序幕。

虽然皇室重新培养了道录司和神乐观的道门领袖,对正一嗣教真人的地位有所钳制,但仍给予其应有的名誉待遇,历代嗣教真人都按例受到封赐,给予印号等,并且允许其每三年入京觐见一次,并同朝中百官同席预宴等。朱元璋分化道门领袖的做法收到了实际的效果,第四十三代嗣教真人张宇初,"其道法盖受之刘渊然,后与渊然忤互为诋訾,人以是少之"。张宇初曾师事于刘渊然,在刘渊然逐渐获得皇室重视的同时,也逐渐与张宇初产生矛盾。至永乐二十二年(1424)十一月,"命高道刘渊然为冲虚致道玄妙无为光范衍教庄静普济长春真人,阶与张真人等"。至此刘渊然受宠对龙虎山正一真人的地位产生了真正的威胁。宣德初,刘渊然被贬至云南,这与龙虎山正一真人对刘渊然的弹劾不无关系。

永乐初年刘渊然初掌道录司,根基并不稳固,当时道录司官还有不少来自茅山、龙虎山的高道势力,如左演法邓景韶、林靖乐皆为龙

---

[1] 〔明〕张宇初:《岘泉集》卷2,影印文渊阁《四库全书》本。

虎山道士，左至灵郭守源来自苏州丹霞观，但曾辅助张天师，与龙虎山的关系较为密切。另有右玄义任自垣，为茅山道士；左至灵吴大节，南昌玄妙观道士、右正一孙碧云，为武当山道士；等等。至宣德间，刘渊然着意培养自己的徒弟邵以正，先后担任道录司玄义、至灵、演法、正一，其间虽有茅山汤希文、南昌玄妙观吴大节一度掌领道录司，但并未形成较大的道派势力。其间来自杭州灵宝派周思得及其徒裔以灵官法深受皇帝的恩宠，逐渐在道录司中取得重要职位。永乐至成化年间，道录司周思德高道集团逐渐形成，周思得及其弟子孙道玉等一直担任道录司的重要职位。至景泰初年，邵以正才位至道录司左正一，相继封高士、真人，而邵以正的弟子胡守法、喻道纯、李希祖也开始逐步被培养为道录司的接班人。天顺初年胡守法以左演法主管朝天宫，成化中迁左正一，逐步掌握道录司的实权。

自孝宗开始，开皇帝传奉道官之例，大批具有不同派系的道士进入道录司，对刘渊然的高道集团产生了一些冲击，但传奉道官根基并不稳固，而且多为带衔闲住，并不掌握实权，任职时间也并不长久，因此长春派高道仍是道录司的实力派。弘治中，刘渊然弟子胡守法仍掌领道录司，其徒有邵以衡、吴以新、刘良辅、陈良福、杨良祚等人，皆为道录司官，这一时期的道录司基本上为长春派道士所把持。

自成化以来，道录司高道集团的格局有所变化，由于世袭的长春派道士素质逐渐下降，又缺乏出色的接班人，周思德灵宝派此时得以巩固在道录司的地位。嘉靖中龙虎山道士开始掌控道录司，如龙虎山道士王时佐、方定相师徒一度掌领道录司，后龙虎山道士邵元节因道术受宠，其弟子吴尚礼、陈善道，孙邵启南等人相继获选为道录司官。邵元节辞归之前，又向世宗举荐湖北黄陂道士陶仲文，陶仲文所获恩宠更超过邵元节，其子陶世恩、徒弟臧宗仁皆位列道录司官。嘉靖之后，道录司官常缺不设，道录司高道的教派色彩逐渐淡化。

神乐观不隶道录司

明代的神乐观是道录司之外的另一套道官系统，并不隶属于道录司管辖。明代神乐观的筹建，最早可以追溯到朱元璋建立明王朝之前，用道士为祭祀的执事，选取年少俊秀的道童为雅乐生。洪武十一年（1378），"上以道家者流务为清净，祭祀皆用以执事，宜有以居之，乃命建神乐观于郊祀坛西"[1]。以"神乐观掌乐舞，以备大祀天地、神祇及宗庙、社稷之祭，隶太常寺，与道录司无统属"[2]。洪武十二年（1379）十二月"神乐观成，命道士周玄初领观事，以乐舞生居之。上亲制文立碑，志其事。其乐舞生每岁所给米麦、衣布及时节赉予之数俱刻于碑阴"[3]。《金陵玄观志》录有《敕谕神乐观》之碑，《高皇帝御制文集》也收录此文。

神乐观的职责在于"备乐以享上下神祇"，以敬天礼神的国家祭祀礼仪强化君权神授，并体现君王安和生民的政治作为。作为国家祭祀的专署，神乐观属太常寺所辖，也负责掌管京城一部分宫观祠庙，可以看作一类特殊的道教衙门。虽神乐观的提点、知观并乐舞生仍用道士为之，但与道录司并无统属关系，享有国家的正式俸禄和日常供用等，故此在严格意义上说，神乐观已经不是普通的道教宫观或者道

---

[1] 《明实录·太祖实录》卷122，"洪武十一年六月"，台北："中央研究院"历史语言研究所，1962年。

[2] 《明实录·太祖实录》卷145，"洪武十五年五月甲子"，台北："中央研究院"历史语言研究所，1962年。

[3] 《明实录·太祖实录》卷128，"洪武十二年十二月癸亥"，台北："中央研究院"历史语言研究所，1962年。

录司衙门，而是国家重要的核心官僚机构，神乐观的提点、知观等也不是一般意义上的道官，而是国家的正式官僚，他们虽然身份上仍是道士，但待遇却不同于道录司官，神乐观的提点、知观以至乐舞生，不仅如普通文官一样领取国家俸禄，而且还可以通过正常的吏部升迁渠道升为礼部或太常寺的官员。清乾隆时改神乐观为神乐署，改神乐观提点为神乐署署正、左右知观为左右署丞，更能够表明神乐观具有国家正式官僚机构的性质。

南京神乐观不仅是祭祀演习乐舞之所，也是金陵道教大观之一，同南京朝天宫一样管领都城祠庙，太常寺所属的十座祠庙皆属之。永乐中都城北迁后，南京神乐观仍设，归南京太常寺管辖，又令户部广西清吏司带管[1]。正统十四年（1449）五月赐道藏于观；弘治元年（1488）四月"南京神乐观火"[2]，成化中重修；嘉靖二年（1523）三月"南京神乐观火，御制圣旨、碑文二道皆毁"[3]，此后再次重修。永乐十八年（1420）正式迁都北京，三百乐舞生随驾北行，供事郊庙，祭祀规制一如南京之式，于是仿南京神乐观建制，同年建神乐观于北京天坛西侧。《畿辅通志》："神乐观在天坛西南，明永乐十八年（1420）建，处乐舞生之有事于郊庙者，领以提点、知观，隶太常寺。"[4]北京神乐观仍隶太常寺，刑部河南司代管[5]，初设从六品提点一员，从八品知观一员（后添设一员"嘉靖中革"[6]），管领神乐观事务及太常寺所属宫观、祠庙并园囿等。

---

[1] 〔清〕陈梦雷等：《古今图书集成·官常典》卷309，"户部部汇考"，清光绪上海同文书局石印本。
[2] 〔清〕张廷玉等：《明史》卷29，影印文渊阁四库全书本。
[3] 《明实录·世宗实录》卷24，"嘉靖二年三月"，台北："中央研究院"历史语言研究所，1962年。
[4] 〔清〕黄彭年等：《畿辅通志》卷51，影印文渊阁《四库全书》本。
[5] 〔清〕陈梦雷等：《古今图书集成·官常典》卷326，"刑部部汇考"，清光绪上海同文书局石印本。
[6] 〔清〕张廷玉等：《明史》卷74，"职官志·僧道录司"，影印文渊阁《四库全书》本。

洪武初设神乐观为从六品衙门，从六品置提点一名，从九品置知观一名。后礼部尚书刘仲质认为神乐观提点和知观的品级太低，与掌管国家祭祀的重要地位不相符合，奏言要求提高神乐观提点、知观的品级。如此一来，神乐观自从六品衙门升为正六品衙门，与道录司平级，神乐观提点品级与道录司左右正一同，知观品级与道录司左右玄义同，但规定在朝会时的排序，神乐观提点在道录司左正一之前，知观更在左右玄义之上，实际上表明神乐观在国家政治中具有更重要的地位。

据《太常续考》，神乐观定额设乐舞生600名，乐舞生分乐生和舞生，舞生又分文舞生、武舞生，初皆从道童选取，后定乐生从道童中选补，舞生从公卿子弟中选取。"洪武初，命选道童为乐舞生，后以古制，文武生俱用公卿子弟，乃令乐生用道童，文舞生于教官学生内选，武舞生于军职舍人内选用。"神乐观乐舞生可升典仪、通赞、掌乐、教师等职，"内选声音洪亮、礼度娴熟者，分为典仪、通赞、掌乐、教师"。[1]

永乐十八年（1420）迁都北京，300名乐舞生随驾北行，余下的300名乐舞生仍留南京神乐观，仍置提点、知观并乐舞生等供事，但已无祭祀天地之仪，仅祀先师孔子而已。随着政治中心的北迁，南京神乐观的政治地位逐渐下降，乐舞生亦常常缺员。景泰七年（1456）六月"南京神乐观奏：'供祀乐舞缺人，先选南京道录司无过疾道士三十八人补数，供祀者宜就令收乐舞生。'从之"[2]。

北京神乐观乐舞生后增至527名，嘉靖十五年（1536）高达2200名，后经礼部数次裁减，止存1153名。《太常续考》有关于乐舞生数量的详细记录："永乐十八年都燕，存留三百名于南京，三百名随驾，续添至五百二十七名。嘉靖五年世庙添二百一十五名，十年

---

[1] 〔明〕作者未详：《太常续考》卷7，影印文渊阁《四库全书》本。
[2] 《明实录·英宗实录》卷267，"景泰七年六月"，台北："中央研究院"历史语言研究所，1962年。

建太岁神祇坛，添二百二十九名，十五年建九庙添一千二百二十九名，共二千二百名。二十五年礼部为去冗食，查革四百四十一名，二十九年言官题革四百零六名，三十年言官条陈革二百名，止存一千一百五十三名。"[1]

---

[1] 〔明〕作者未详：《太常续考》卷7，影印文渊阁《四库全书》本。

2　地方各级道官

洪武十五年（1382）颁布的道官制度，不仅在京设道录司作为掌管全国道教的行政中心，而且在全国各级府、州、县也建立了相应的道教管理机构，将国家对宗教的控制触角伸展到全国的每一处。建立地方道司的计划是逐步推行的，在国家中但凡有道教活动的地区，都按照行政层级建立不同的道教管理机构，设立相应级别的道官。

除了府、州、县各级道司以外，地方道官还有另一个相对独立的系统，即龙虎山正一真人及诸山宫观的提点、灵官。龙虎山正一真人是象征意义上的道门领袖，名义上具有掌领天下道教的权力，但代表国家的道录司掌握了对全国道教的实际管理权。重要名山宫观的道官具有独立管辖本山道教的权力，实为中央钦命委派的高级道官，与道录司及当地道司之间并没有隶属关系。

府道纪司、州道正司、县道会司

洪武十五年（1382）夏四月置僧道二司，"在京曰僧录司、道录司，掌天下僧、道，在外府、州、县设僧纲、道纪等司，分掌其事，俱选精通经典、戒行端洁者为之。……府曰……道纪司，掌本府道教，都纪一人，从九品，副纪一人，未入流；州曰……道正司，道正一人；县曰……道会司，道会一人，俱未入流"[1]。此为明代地方各级道司设置的正式记载。地方府、州、县的各级道司，多寓于本地宫观之中，并不另外置署办公，当然亦有例外，如有些道司公署就设在府、州、县衙内。

但顺天府和应天府分别为京畿之府，与其他府有所不同，其道司也不同于一般模式。顺天府和应天府均不设道纪司，但两府所领的属州县，则普遍设道正司和道会司，分别领于两京道录司。另外为精简机构，各府附郭县令革除附郭县道会司。《明实录·太祖实录》："洪武十五年（1382）六月乙未，革天下附郭县僧会、道会二司，僧道悉属本府僧纲、道纪司。"[2]《金陵梵刹志》亦载此事。因各府之附郭县治与府治同城，其僧会、道会二司的设置确属多余，故此很快即令革除附郭县的道会司，附郭县道教事务皆属府道纪司所掌。

明代在云南大理白族地区设有一类特殊的道司，其府县除设置普通的道纪司、道会司外，还另置一套十分独特的朵兮薄道纪司、朵兮薄道会司。其中大理府的朵兮薄道纪司，一说在银相寺，在府治北五十里，有印。[3]一说在栖霞之西二里许古灵观。[4]大理府所辖的太和

---

[1]《明实录·太祖实录》卷144，"洪武十五年夏四月"，台北："中央研究院"历史语言研究所，1962年。

[2]《明实录·太祖实录》卷146，"洪武十五年六月乙未"，台北："中央研究院"历史语言研究所，1962年。

[3]〔明〕李元阳：《万历云南通志》卷5，民国二十二年刊本。

[4]〔明〕陈文：《景泰云南图经志书》卷5，原刻本。

县设朵兮薄道会司，道会一人。[1] 府志称"大觋之法能役使鬼神，搜捕变怪"，又曰"梁、益之间呼大曰朵、觋曰兮、老曰皤，是名大觋皤"，"朵兮薄"实质上就是巫师，擅长驱鬼骇神之术，故称"朵兮薄"（大巫师），以区别于其他火居道士。宣德之前政府并不曾为朵兮薄设官，后其教首贿赂宫中太监得以授官，遂设朵兮薄道纪司等，其教团亦因此而得势，发展迅速。

明成祖时期大力开拓疆土，并将内地的政治模式、思想文化推及边疆地区，其中道官制度就是政治模式之一。永乐八年（1410）九月，"壬申，设四川长河西、剌思刚道纪司"[2]。永乐十三年（1415）夏六月辛卯，"设董卜韩胡宣慰使司……又设董卜韩胡道纪司，命本土道士锁南领贞为都纪，给印章"[3]。洪武中进军四川康藏地区，于其地分置长河西宣慰司、董卜韩胡宣慰使司、天全六番诏讨使司等土司，永乐中继续加强对吐蕃的控制，同时置道纪司以管领本地宗教。[4] 随着明朝边疆的不断拓展，国家在这些地区分别设置军民府、军民指挥使司、宣慰使司、诏讨使司等土司乃至军事性质的行都司卫所等，并根据实际道教发展的情况，设置府一级的道教管理机构，这些土司和卫所的道司均称"道纪司"。

永乐五年（1407）明成祖朱棣趁越南内乱派兵占领安南国，置交趾承宣布政司、提刑按察司、都指挥使司，并先后设十七府、四十七州、

---

[1] 〔明〕李元阳：《万历云南通志》卷5，民国二十二年刊本。

[2] 《明实录·太宗实录》卷108，"永乐八年九月壬申"，台北"中央研究院"历史语言研究所，1962年。

[3] 《明实录·太宗实录》卷165，"永乐十三年夏六月辛卯"，台北"中央研究院"历史语言研究所，1962年。

[4] 明时朝廷认为吐蕃地区的道教盖为藏族苯教或巫教，其本土道士即苯教法师、巫师等。从中可见当时国家宽泛的道教观念实际上包含了各种民间宗教、萨满教和巫教等，同时以中原的文化模式强加于四夷，意图实现国家政治观念和思想文化的认同。

一百五十多个县。明朝在交阯地区推行道官制度，设置道司如内地。永乐十年（1412）八月辛未，"设交阯……北江、交州、三江、谅江、奉化、建平六府道纪司，威蛮州道正司"[1]。在交阯布政司的主要府及直隶州都设置了道教管理机构。永乐十四年（1416）五月丙午，"设交阯府州县儒学及阴阳、医学、僧纲、道纪等司"[2]，进一步将明朝的儒学及阴阳、医学、僧、道等杂流职官也推及交阯所属的州县。宣德二年（1427）废交阯布政司，恢复安南国，但明朝道官制度对古代越南的官制影响深远，古代越南国家官制中道官设置也多袭用明朝制度。[3]

正一真人府

龙虎山天师为道教创始人张道陵后裔，自唐代以来世居江西龙虎山，宋元统治者皆有封爵赐号，高其品秩，给以诰命、印信，令掌领天下道教，具有实际的道教管理权。明朝对道教多所抑制，龙虎山天师的地位也随之动摇。洪武初，去龙虎山天师之号，止称正一真人，另置道录司衙门管理道教事务，并于龙虎山设正一真人府，置官管理本山事务。

明朝去"天师"称号，止称"真人"。洪武元年（1368）八月甲戌，"以张正常为真人，去其旧称天师之号。上谓群臣曰：'至尊惟天，岂有师也？以此为号，亵渎甚矣。'遂命去其正一教主天师之称，

---

[1]《明实录·太宗实录》卷131，"永乐十年八月辛未"，台北："中央研究院"历史语言研究所，1962年。
[2]《明实录·太宗实录》卷176，"永乐十四年五月丙午"，台北："中央研究院"历史语言研究所，1962年。
[3] 耿慧玲：《越南官制初释——僧道官与爵秩》，《朝阳学报》2001年第6期，第241~274页。

改天师印为真人印,秩正二品,其僚佐曰赞教、曰掌书"。

朱元璋虽去四十二代龙虎山嗣教真人张正常的"天师"称号,但仍给正二品真人印,令其掌领天下道教。制曰:"朕惟道家者流,本于清净无为,其来已久,张氏自汉而下,宗派相承,尔四十二代孙正常,存心冲澹,葆德纯和,远绍祖传,以守正一,朕用嘉之,赐以名号,尔其益振宗风,永扬玄教。可正一嗣教护国阐祖通诚崇道弘德大真人,领天下道教事。"[1]此后数代嗣教真人皆受"正一嗣教真人"之号,赐二品银印,并给诰命等。嘉靖末,值世宗去世,穆宗即位,郭谏臣趁机弹劾正一真人,隆庆元年(1567)四月,"吏部覆主事郭谏臣奏:正一真人荒淫不检,不当复令世袭,宜行所司查议应否永为革除"[2]。隆庆二年(1568)正月诏革正一真人名号,夺其印。

至神宗万历五年(1577)三月,第五十代天师、上清宫提点张国祥贿赂宫中太监,请求朝廷赐还真人印号,礼部大臣反对,但神宗仍坚持按照"祖宗旧制"令其承袭,"给与印信,其粮差止照品级优免"。时吏部也以真人无定品为由加以反对,但"上以真人系正二品,载本朝官制,令遵前旨行"[3]。四月"甲子命铸龙虎山玄坛铜印一颗给张国祥,并给还正一嗣教真人金印"[4]。此后直至明末,龙虎山正一真人印号承袭不绝。

龙虎山正一真人的印信和封号虽失而复得,但其政治影响已经大

---

[1] 《明实录·太祖实录》卷34,"洪武元年八月甲戌",台北:"中央研究院"历史语言研究所,1962年。

[2] 《明实录·穆宗实录》卷7,"隆庆元年四月",台北:"中央研究院"历史语言研究所,1962年。

[3] 《明实录·神宗实录》卷60,"万历五年三月甲午",台北:"中央研究院"历史语言研究所,1962年。

[4] 《明实录·神宗实录》卷61,"万历五年四月甲子",台北:"中央研究院"历史语言研究所,1962年。

为降低，其掌领天下道教的职权也仅有其象征的意义。洪武初年，朱元璋置玄教院掌领全国道教，实际上就是将道教管理权收归政府；同时以道士经善悦为真人，与龙虎山正一真人持相同品级待遇，龙虎山正一真人的宗教权威也受到严重的挑战。永乐二十二年（1424）十一月，命高道刘渊然为"冲虚致道玄妙无为光范教庄静普济长春真人，阶与张真人等"[1]。后又加封为"大真人"，地位已升至龙虎山正一真人之上。宣德二年（1427）八月，第四十三代嗣教真人张宇清来朝，"时道士刘渊然已赐号大真人，宇清欲与之并，恳求当道为之请，上曲从之，赐号崇谦守静洞玄大真人"[2]。可见朝廷对正一真人有意压制，并着意培养新的宗教领袖以相制衡。

正一真人府在江西龙虎山上清镇，故称"嗣汉天师府"，始建于宋崇宁四年（1105），元延祐六年（1319）重建，是历代天师的起居之所。洪武元年（1368）八月，"改天师印为真人印，秩正二品，其僚佐曰赞教，曰掌书"[3]。自此改称"天师府"为"真人府"，并赐金重建，兼为正一真人之公署。真人府置赞教、掌书、法官等，以辅助正一真人管理道门事务。

关于真人府的僚佐名称、员额、品级，明代皆有定制。《明史》载："龙虎山正一真人一人，法官、赞教、掌书各二人……正八品。"[4]隆庆二年（1568）废正一真人称号，仅以第五十代天师张国祥为上清宫提点，职正六品。明代正一真人皆为朝廷所任命，作为僚佐的赞教、

---

[1] 《明实录·仁宗实录》卷7，"永乐二十二年十一月"，台北："中央研究院"历史语言研究所，1962年。

[2] 《明实录·宣宗实录》卷30，"宣德二年八月"，台北："中央研究院"历史语言研究所，1962年。

[3] 《明实录·太祖实录》卷34，"洪武元年八月甲戌"，台北："中央研究院"历史语言研究所，1962年。

[4] 〔清〕张廷玉等：《明史》卷74，"职官三"，影印文渊阁《四库全书》本。

掌书、法官等道官职位，也是由正一真人举荐、朝廷所授职的。嘉靖五年（1526）二月十五日，加封第四十八代嗣教真人张彦頨为"怀玄抱真养素守默葆光履和致虚冲静承先弘化大真人"，同时任命"上清宫道士传德岩、邵启南着做大真人府赞教，余永寿、詹望奎着做掌书"。[1]

明代正一真人府于各地设法官、赞教等道官。明顾梦圭《赠陆道士序》曰："自京师至天下郡邑皆设僧道官，而龙虎山真人府又特设官属。……吾邑清真观道士陆子卿颇谙经典、符箓，亦好文艺，有司荐为真人府赞教。"[2]据明代方志数据所载，明中后期真人府法官、赞教等道官，遍布江南各地的正一道宫观。如弘治中茅山元符宫有真人府赞教袁继礼、陈应符、张全恩等刊刻山志[3]；正德中有杭州府通元观道士徐道彰"职任真人府赞教"[4]，嘉靖中其徒郁存方承袭赞教一职[5]；嘉靖、万历间，徽州府休宁县齐云山共有潘融和、汪相和等29位道士曾担任过真人府赞教，汪椿清、汪汝清、吴继宁等3人担任过真人府知事等[6]；嘉靖中苏州府昆山县友云山馆道士王太贤职为真人府赞教[7]；万历中常州府道士尤肇隆为真人府赞教[8]；万历中南雄州道士谢道远为张真人府法官[9]；万历中池州府龙虎庙道士鲍宏迅，"游

---

[1] 《皇明恩命世录》卷8"加封敕"，《道藏》第34册，北京：文物出版社、上海：上海书店、天津：天津古籍出版社，1998年，第836页。

[2] 〔明〕顾梦圭：《疣赘录·续录》卷上，影印文渊阁《四库全书》本。

[3] 〔明〕江永年：《重修茅山志自序》，〔清〕杨世沅：《句容金石记》卷10，《石刻史料新篇》第3辑，第9册，台北：新文丰出版社，1977年，第7024页。

[4] 〔清〕傅玉露：《西湖志》卷22，明万历唐装本。

[5] 〔清〕邵远平：《康熙仁和县志》卷21，清康熙二十六年刻本。

[6] 〔明〕鲁点校：《齐云山志》卷1，《中国道观志丛刊》第9册，南京：江苏古籍出版社，2000年。

[7] 〔清〕张鸿、来汝缘修，王学浩纂：《道光昆新两县志》卷10，清道光六年刻本。

[8] 〔明〕严一鹏：《重建忠佑庙碑记》，〔清〕于琨修、陈玉璂：《康熙常州府志》卷36，清康熙三十四年刻本。

[9] 〔清〕胡德琳修，黄其勤纂：《直隶南雄州志》卷32，清道光四年刻本。

张真人府，授知事"[1]。

诸山灵官提点

洪武十七年（1384）九月，"戊午设三茅山华阳洞灵官一员，秩正八品。道录司又言：阁皂山乃葛仙翁得道之所，前代尝赐印，住持请从茅山之例，诏从之"[2]。江苏茅山为道教上清派祖庭，江西阁皂山为道教灵宝派总坛，唐以来历代皆设道官管理道门，唐时曾设山门威仪，宋元时置提点等道官，明洪武初以江西龙虎山正一真人领江南三山符箓，茅山、阁皂山未设道官，至此两山始置灵官。

据《明史》，"阁皂山、三茅山各灵官一人，正八品"[3]，后于茅山华阳洞、元符宫，阁皂山万寿宫、崇真宫各置灵官一员，各处又置副灵官各一员。《大明官制》："三茅山元符宫、华阳洞，正灵官，阁皂山万寿、崇真宫，正灵官，正八品，副灵官，从八品。"[4]

茅山、阁皂山灵官人选多以上清、灵宝宗师任职。《光绪重修丹阳县志》："邓自明，字德诚，元至正时修道茅山元符宫，洪武十六年举除本宫华阳洞灵官，给授印信，掌行符箓，为上清四十九代宗师。"[5]又《阁皂山志》："朝天宫在府城北门右，祖罗大古宗师为本山灵官，

---

[1]〔清〕张士范：《乾隆池州府志》卷58，"方外"，清乾隆四十三年刻本。
[2]《明实录·太祖实录》卷165，"洪武十七年九月戊午"，台北："中央研究院"历史语言研究所，1962年。
[3]〔清〕张廷玉等：《明史》卷74，"职官三"，影印文渊阁《四库全书》本。
[4]《皇明制书》卷16，《续修四库全书》第788册，上海：上海古籍出版社，1995年，第604页。
[5]〔清〕刘诰修，徐锡麟纂：《光绪重修丹阳县志》卷24，清光绪十一年刻本。按：洪武十七年始设茅山灵官，此处"洪武十六年"应为"洪武十七年"之误。

因迎官接诏未便，揭三百余金创基建观，费数千金始成。"[1]可知茅山、阁皂山灵官之职为宗师所任，掌本派符箓之事。

明初仅龙虎山设上清宫提点，永乐中，明成祖朱棣大建武当山宫观，于各处宫观置提点等官。永乐十年（1412），明成祖曾命道录司右正一孙碧云掌管山门道教、筹划建造武当宫观等事。永乐十一年（1413）九月，令正一真人张宇清保举道士分派各宫，敕封各宫道官："道录司右玄义任自垣、道士邵庆芳为玄天玉虚宫提点，高道周惟中兼提点，林子良为副宫；兴圣五龙宫以李时中为住持，道士吴继祖为提点；太玄紫霄宫以李幽岩、胡古崖为提点；大圣南岩宫已命右正一孙碧云为住持，以王中一为提点副之。"[2]永乐十六年（1418）十二月，"武当山宫观成，赐名曰大岳太和山……仍选道士任自垣等九人为提点，秩正六品，分主宫观严祀事"[3]。

永乐中仅在武当山大岳太和宫、玄天玉虚宫、兴圣五龙宫、太玄紫霄宫、大圣南岩宫五处宫观设提点九人，嘉靖中每宫提点增至三员，后遇真宫、静乐宫、迎恩宫建成后，亦各设提点一至三员，领若干宫、观、庙、祠、庵、洞、岩等。《皇明制书》载："正六品……大岳太和、玉虚、遇真、静乐、五龙、南岩、紫霄等宫提点。"[4]武当山各处宫观提点秩正六品，品级与神乐观提点同，而较阁皂山、茅山灵官为高，亦可看出明时武当山道教地位之重。

徽州府休宁县齐云山受明朝真武信仰的影响，至嘉靖中开始大规

---

[1] 〔明〕俞策：《阁皂山志》卷上"宫观"，王卡、汪桂平主编：《三洞拾遗》第14册，合肥：黄山书社，2005年。

[2] 〔明〕任自垣：《敕建大岳太和山志》卷2，"诰副墨第一"，明宣德六年刻本。

[3] 《明实录·太宗实录》卷207，"永乐十六年十二月丙子"，台北："中央研究院"历史语言研究所，1962年。

[4] 《皇明制书》卷20，《续修四库全书》第788册，上海：上海古籍出版社，1995年，第740页。

模建造宫观，奉祀真武大帝，并移植武当山榔梅树于本山，掀起了真武信仰的热潮，誉称"江南小武当"。自嘉靖十一年（1532），明世宗多次派遣正一真人、太常寺官、真人高士等前往齐云山修斋建醮，敕封"白岳中和山"。据《齐云山志》，嘉靖二十年（1541）九月，设玄天太素宫提点一员，"汪曦和除授提点，降印记"。嘉靖三十五年（1556），授本山道士朱宗相为"太常寺寺丞兼玄天太素宫提点"。嘉靖三十八年（1559）正月，正一嗣教真人张永绪保举"道士金元清合应铨补提点，加授道录司左正一职员，管理宫观"。[1]

据河南王屋山紫微宫现存万历二十七年（1599）的圣旨碑一通，"敕遣河南王屋天坛山紫微等宫提点兼紫金坛济渎庙义烈坊住持臣周克濂钦奉圣旨"，可知在明万历中，河南王屋山紫微等宫也设有提点。

---

[1]《齐云山志》卷 2，《中国道观志丛刊》第 9 册，南京：江苏古籍出版社，2000 年。

3 道官铨选制度

道录司道官的铨选

　　明代以医学、阴阳、僧、道四氏之官为杂流，即非科举出身的杂职官僚。所谓杂流是专业技术之类的职官，他们以独有的专业技能为国家所用，虽然专业技能在士大夫看来不过是"方技"之类的形下之学，儒学出身的官僚对此不屑一顾，但对国家统治具有不可替代的意义。立国之初人才匮乏，僧道官亦行征辟、荐举之法，后僧道官铨选制度渐趋成熟，僧道官在许多方面视同文官，多以考试的方式由吏部铨选、升补。除经吏部铨选之外，僧道官亦常有皇帝传旨特授之例，在成化和嘉靖两朝尤其盛行。成化中僧道官大行传奉之法，僧道官正常的铨选制度被破坏，孝宗之后才渐渐恢复，嘉靖中因皇帝个人尊崇道教，传奉道官再次盛行起来，而明后期僧道官的伪滥，亦多由此而生。明代道录司道官铨选之法，大致有下面几种。

（1）荐选

洪武初立僧道衙门，急需僧道管理人才，而彼时僧道官的铨选制度尚未齐备，故而朱元璋征召天下名僧高道入京赴选，合格者即授以道官之职。明朝立国之初，人才极为匮乏，选官多行荐举之法。[1]僧道之官作为"杂流"，并不经由科举考试的正途入仕，且考选之法尚未完善，故常用举荐之法。如永乐中，道士胡守法，字浩然，嘉定人，"因礼部尚书胡濙荐，擢神乐观提点"[2]。景泰间，道士仰弥高与胡濙来往密切，遂经胡濙举荐为道录司右玄义，但仰弥高不学无术，品质恶劣，后遭六科给事中弹劾。景泰五年（1454）九月，"诏以大臣荐保授以道职为右玄义，俾于宣府等处协助守边。盖弥初无他长，惟以出入濙家，故濙称许太过"[3]。已经显示出举荐之弊，致使一些素质低劣的庸庸之才混入道录司。

虽然举荐之法弊端颇多，但仍是明时铨选中央道官的主要途径，而礼部、吏部铨选道官人才，实际上也多由道录司主领官先期举荐人选，而主领官的亲信、同门或者徒裔具有更多的选拔机会。如"邵以正者，云南人早得法于渊然，渊然请老，荐之，召为道录司左元义"[4]。刘渊然举荐弟子邵以正为道官，以保持长春派在中央的政治影响。邵以正历任道录司玄义、演法、至灵、正一等职，又举荐弟子喻道纯、

---

[1] 〔清〕张廷玉等：《明史》卷71，"选举志"："（太祖）尝谕礼部，经明行修练达时务之士，征至京师，年六十以上、七十以下者置翰林以备顾问，四十以上、六十以下者于六部及布按两司用之，盖是时仕进无他途，故往往多骤贵者，而吏部奏荐举当除官者，多至三千七百余人，其少者亦至一千九百余人"，影印文渊阁《四库全书》本。

[2] 〔清〕陈梦雷编：《古今图书集成·神异典》卷287，"方士部列传五"，清光绪上海同文书局石印本。

[3] 《明实录·英宗实录》卷245，"景泰五年九月戊午"，台北："中央研究院"历史语言研究所，1962年。

[4] 〔清〕张廷玉等：《明史》卷299，影印文渊阁《四库全书》本。

胡守法、李希祖等为道录司官，胡守法又有弟子"右玄义邵以衡、吴以新及刘良辅，左玄义杨良祚、陈良福"[1]等。如此形成长春派道士长期把持道录司大权的局面。

明英宗看到了举荐道官多存私弊，对举荐道官之行为多有斥责。正统七年（1442）春正月，"乙酉正一嗣教真人张懋丞奏：先者蒙赐朝天宫东方丈，为臣往来居止之所，臣每还山，令道录司左至灵黄嘉祐掌管，今嘉祐以疾去，本宫道士李希祖、萧处柔素善经理，乞各授一职，令守此居，庶几永无倾圮。上谓礼部臣曰：守房择一勤慎流任之足矣，奚以官为？懋丞盖假此以售其私尔，其勿听"[2]。至宪宗、武宗、世宗三朝，宫中方士、太监多利用其亲近皇帝的身份，绕过吏部的考补制度，举荐自己亲信的道士，这些道官与太监相互利用，谋求福利，致使僧道官伪滥成灾，滋害甚深。

（2）部选

道录司建立后，道官铨选之法渐趋稳定。道录司归礼部所辖，道录司官人选常由礼部铨选，称为部选。洪武十五年（1382）初设僧道衙门，规定"在京设置僧录司、道录司，掌管天下僧道，俱选精通经典、戒行端洁者铨之"。当时即由礼部提供道录司各官的人选，"准吏部咨除授各僧道录司，咨本部知会"。[3]选授道官的一般程序是礼部提供候选人名单，咨吏部核准人选的资格，然后确定是否任命等，并知会礼部备案。明代选官"文归吏部，武归兵部"，道官视同文官，吏

---

[1] 《冲虚静默悟法崇道凝诚衍范显教真人克庵胡公守法墓道碑》，〔明〕焦竑：《国朝献征录》卷118。

[2] 《明实录·英宗实录》卷88，"正统七年春正月乙酉"，台北："中央研究院"历史语言研究所，1962年。

[3] 〔明〕葛寅亮：《金陵梵刹志》卷2，《续修四库全书》第718册，上海：上海古籍出版社，1995年。

部也负有铨选之责。万历《吏部职掌》所载吏部之文选清吏司下设僧道科，专门负责僧道官的铨选事务。如成化十九年（1483）十二月庚辰，"命吏部郎依资格选出道录司右演法刘良辅左正一，右玄义张守中左至灵，李谷泉、萧景清俱右至灵"[1]。

明代官吏例行三年考察，而道录司、神乐观却并不纳入考察的范围，"凡两京神乐观、道录司、僧录司官，例不考核，九年考满，具奏复职，照旧供事"[2]。中央道官员有定额，每当遇有道官升迁、告老或免职等所留员缺，即由礼部或太常寺奏请补缺，考定人选提请吏部按程序授以职位。候补道官一般从较低一级的职位中产生，按资历依次递推补充。选补的方式主要有考补和推补两种。

明代考选官吏，"既行三载考察之法，又行遇缺推补之例"[3]。推补也是举荐的一种形式，即通过相关部门（礼部、道录司、神乐观、太常寺或其他机构或官僚）的举荐，从候补道官中铨选，补充员缺。推补人选可以不循按资递补的原则，可以从较低级别的道官或道士中，特别举荐至较高级别的职位。

考补即由吏部或道录司组织考试或考核，根据候选者的资历、成绩等依次补充。《金陵玄观志》载有"道规条例"，列出有关南京道录司官考补的细则："左玄义缺，本司就右玄义、大住持三员内考取二员送堂；右玄义缺，大住持二员俱考送；大住持缺，本司就通经道士内考取三名送堂，各堂考填补考，用《道德》《南华》二经出题；通经道士缺，本司年终考补经作解义；中观住持，本司默经考补，小

---

[1] 《明实录·宪宗实录》卷247，"成化十九年十二月庚辰"，台北："中央研究院"历史语言研究所，1962年。
[2] 〔清〕陈梦雷编：《古今图书集成·铨衡典》卷86，"考课部汇考"，清光绪上海同文书局石印本。
[3] 〔明〕王琼：《双溪杂记》，影印上海涵芬楼明刻本。

庙首道即道录司选补。事例俱与三大寺同。"[1]

神乐观提点、知观也行选补之法。《明会典》："神乐观提点、知观于奉祀祀丞内选补，俱从礼部选定送部奏除。"[2] 神乐观属太常寺，神乐观职官亦自太常寺官中选补，而太常寺官又多取自神乐观乐舞生，"洪武十二年，令神乐观道士养徒，选充乐舞生"[3]。

（3）传奉

除吏部按照正常程序除授外，有时皇帝还会亲授道官，称为"钦授""敕赐"等。如永乐元年（1403），"皇上重其（李时中）道法灵涉，有济人利物之功，钦授道录司右正一"[4]。永乐十年（1412），明成祖召武当道士孙碧云至阙下，"敕赐道录司右正一职事"[5]。长春真人刘渊然高弟邵以正，英宗时应诏入京编修道藏，"命为道录司右至灵"[6]。当然皇帝钦授的一般是道录司的高级道官，一般道官仍是由吏部除授。

宪宗时传奉道官成风，起初吏部还依例补奏，后则直接得旨授官。明宪宗开辟了令太监传奉圣旨特授文官的先河，《明会要》"传奉"条曰："宪宗初即位，命中官传旨，用工人为文思院副使，自后相继不绝。一传旨，姓名至百十人，谓之传奉官，文武僧道滥恩者以千数。"[7]

---

[1] 〔明〕葛寅亮：《金陵玄观志》卷1，《续修四库全书》第719册，上海：上海古籍出版社，1995年，第155~156页。

[2] 〔清〕陈梦雷编：《古今图书集成·选举典》卷120，"杂流部汇考"，清光绪上海同文书局石印本。

[3] 〔清〕陈梦雷编：《古今图书集成·选举典》卷120，"杂流部汇考"，清光绪上海同文书局石印本。

[4] 〔明〕任自垣：《敕建大岳太和山志》卷7，明宣德六年刻本。

[5] 〔明〕任自垣：《敕建大岳太和山志》卷7，明宣德六年刻本。

[6] 《邵仲仁墓表》，〔明〕杨士奇：《东里集·续集》卷31，影印上海涵芬楼藏《四部丛刊》校本。

[7] 〔清〕龙文彬：《明会要》卷49，北京：中华书局，1956年，第931页。

宪宗因崇奉道士而传奉大批道官，一时道官恩授、乞授成风。道官铨选和任命制度遭到了极大的破坏，"旧制道录司官止八员，有缺则听所司以资次选补，至是皆出自中旨云"[1]。

《明实录·宪宗实录》："时僧道官传奉寖盛，左道邪术之人荐至京师，吏部尚书尹旻等无旬日不赴左顺门候接传奉，每得旨，则次日依例于御前补奏，后内官亦自讳其烦，密谕令勿复补奏，至废易旧制而不恤云。"[2]传奉道官本是对吏部正常铨选制度的破坏，演变日久竟成制度，道录司官新授、擢升等，皆由皇帝传旨而定，则吏部仅听令办理任官手续而已。成化二十一年（1485）九月，"礼部奏道录司缺左正一，请以右正一宋志衡升补。上曰：道录司官钦升已定，礼部何得擅拟升补？必有情弊，不允。司印令高士刘良辅掌之"[3]。

明成化以前的道录司官按额授职，多为实授，成化以后随着传奉道官之风盛行，道录司冗员超出原来员额的十多倍，造成道录司在管理道教事务上十分混乱，效率极为低下。成化二十三年（1487）宪宗去世，孝宗即位，礼部官员乘机上疏请求清理道录司道官冗员，诏革真人、高士封号，"真人改左正一，高士改左演法……道录司留左正一等官八员、金书，余僧官一百一十余员、道官一百二十余员，俱带衔闲住"[4]。同时南京道录司也照此大量裁革道官，"道录司留右至灵二员、左右玄义各一员，管事俱用升职，在前保举相应者，余皆带

---

[1]《明实录·宪宗实录》卷147，"成化十九年十二月庚辰"，台北："中央研究院"历史语言研究所，1962年。

[2]《明实录·宪宗实录》卷159，"成化十二年十一月癸卯"，台北："中央研究院"历史语言研究所，1962年。

[3]《明实录·宪宗实录》卷270，"成化二十一年九月甲子"，台北："中央研究院"历史语言研究所，1962年。

[4]《明实录·孝宗实录》卷4，"成化二十三年十月丁卯"，台北："中央研究院"历史语言研究所，1962年。

衔闲住"[1]。此次沙汰僧道官,实际上并没有将原来传奉官罢免,而是采取"带衔闲住"的方式,实授道官仍按照旧制定北京道录司八员、南京道录司仅四员,其他成化中所传奉的一百二十多员道官都"带衔闲住",不任以事。

孝宗即位不久也开始传奉道官,不过较之于宪宗有所克制。武宗即位不久以后,传奉道官之风死灰复燃,重复宪宗、孝宗的故事。

地方道官的铨选

明朝地方各级道官品低位卑,没有中央道官铨选程序复杂,其选任方式更为灵活多样,主要有地方保举、师徒相承、各观道士轮署等,明宪宗、武宗时还一度实行僧道纳银授官之例。

俞汝楫编《礼部志稿》曰:"洪武二十六年令:各布政司并直隶府州县申呈开设僧道衙门,保举到僧人札付僧录司、道士札付道录司考试,如果中式,就申吏部施行。"[2] 各级道官作为地方官之僚佐,多由本地行政长官保举至道录司考试,合格者由吏部除授,领礼部札付,但明中后期渐取消考试程序而直接除授,领礼部札付、印信等。

地方道官自各观有牒道士中推举,礼部给札付、印记。如据《康熙南安府志》,南安府道纪司都纪、副都纪,"推各观领度帖道士有行者充之"[3]。又《嘉靖汉阳府志》:"王智明,荆州江陵人,行术兼至,举为副都纪。"[4] 又据《雍正畿辅通志》,顺天府通州道正司在悟仙观,"明

---

[1] 《明实录·孝宗实录》卷5,"成化二十三年十月甲申",台北:"中央研究院"历史语言研究所,1962年。

[2] 〔明〕俞汝楫编:《礼部志稿》卷34,影印文渊阁《四库全书》本。

[3] 〔清〕李世昌:《康熙南安府志》,北京图书馆古籍珍本丛刊"史部·地理类",第32册。

[4] 〔明〕贾应春修,朱衣纂:《嘉靖汉阳府志》,明嘉靖二十五年刻本。

宣德三年羽士蒋玉林因旧址恢弘之，建通明殿，奉请赐额，礼部给札，以玉林为道正司"[1]。也有的地方官因礼部继任手续繁复，直接从本地道士中选择护印之人，《万历雷州府志》府首领杂职："旧志载僧纲、道纪、阴阳、医术，虽各有条记，然其人皆未经朝命，不过由府县禅一人，令之护印。"[2]

明代正一道教全真贵盛，各地道司的道官多以正一道士为之，师徒相承是较为常见的任职方式，又称"世袭道官"。前任道官卸任之前，会向地方官举荐自己的徒弟继承道官职位，而这种举荐也常常能得到有司的承认。如刘渊然在宣德间曾在云南开设大理、永昌、金齿三府道纪司，举其徒为大理府道纪司都纪。在道众较少、道派单一的地区，世袭道职大致可以通行，但在道派较多的地方，世袭道职可能会引起教门内的纷争。为了避免这种矛盾，各观道士达成协议，道司之印由各观轮署。如直隶扬州府仪真县道会司，"其印记以各祠庙羽流轮署"[3]。浙江宁波府海盐县僧道会司，"以教僧及正一道士轮年为之"[4]。

宪宗时因连遭水旱、粮饷不足、国库紧张等因素，各地为筹备粮食等，将僧道官等杂职公开出售。因各地巡抚等地方官所请，户部奏以各地道士免考入选，纳银（或米、粟）授官。成化十五年（1479）九月，"户部议巡视江西右侍郎金绅等所奏事宜……江西府县有缺阴阳、医学、僧道等官，许令纳米二百石，径送吏部入选，免其考试"[5]。

---

[1] 〔清〕李卫、唐执玉等监修，田易等纂：《雍正畿辅通志》，影印文渊阁《四库全书》本。
[2] 〔明〕欧阳保：《万历雷州府志》，明万历四十二年刻本。
[3] 〔明〕申嘉瑞修，〔明〕李文纂：《隆庆仪真县志》，明隆庆刻本。
[4] 樊维城修，胡震亨撰：《天启海盐县图经》，明天启四年刊本。
[5] 《明实录·宪宗实录》卷194，"成化十五年九月"，台北："中央研究院"历史语言研究所，1962年。

金代道官制度曾有卖官鬻爵和买卖度牒之弊习，明成化中传奉僧道官，有不少道士贿赂宫中太监等得以授官，但大规模的公开卖官鬻爵，使之成为地方选官的明令，还是从宪宗时代开始的。纳米授官之例最早在江西、湖广等地施行，不久就推广到全国各府、州、县。

道官之封爵

道士封号始于南北朝时期，唐宋以来因道士与皇室的关系密切，受世俗官僚意识的影响，国家对方外道士多赐以官位名号，而道士也以得赐名号为荣。宋代道士赐号之风最为浓郁，宋元话本《大宋宣和遗事》载："政和四年（1114）春正月，置道阶品秩，凡二十六等，先生处士封号，自八字六字，以至四字二字，比中大夫，下至将仕郎，但不给俸。"[1] 道士封号与勋阶类同文官。元代道士赐号更盛，正一、全真、真大、太一、玄教、净明各派宗师例有封赐"大宗师""真人""先生"等号，并同时授予不同的勋爵。

明代继承了对道士的赐号制度，但明初对道士赐号十分谨慎。洪武元年（1368）正月置玄教院，"以道士经善悦为真人"[2]，八月"以张正常为真人，去其旧称天师之号"[3]。自此龙虎山历代天师皆获赐"正一嗣教真人"之号（唯隆庆中曾去真人之号，万历中复赐）。

洪武二十六年（1393）冬十一月，"癸卯召道士刘渊然于赣州，

---

[1] 黎烈文标点：《大宋宣和遗事》元集，上海：商务印书馆，1934年，第21页。

[2] 《明实录·太祖实录》卷29，"洪武元年春正月"，台北："中央研究院"历史语言研究所，1962年。

[3] 《明实录·太祖实录》卷34，"洪武元年八月甲戌"，台北："中央研究院"历史语言研究所，1962年。

赐号高道，馆于朝天宫"[1]。永乐二十二年（1424）十一月，"命高道刘渊然为'冲虚致道玄妙无为光范衍教庄静普济长春真人'，阶与张真人等"[2]。洪武时张宇初曾赐号"正一嗣教道合无为阐祖光范真人"，永乐中张宇清赐号为"正一嗣教清虚冲素光祖演道真人"，都不过 14 个字，至此刘渊然赐号多达 20 个字，由此可见皇室对刘渊然的优宠已经胜过龙虎山正一真人。洪熙元年（1425）春正月，"乙酉命道士沈道宁为'混元纯一冲虚湛寂清净无为承宣布泽助国佑民广大至道高士'，阶正三品，仍赐道服"[3]。赐号更多达 26 个字。

明人沈德符曾论"真人封号之异"曰："太祖封张正常为真人，以嗣龙虎山之业，其号不过十字，宣宗宠刘渊然，真人封号至十八字而极矣。此后恩渐杀，惟嘉靖间邵元节之封，其真人号亦同渊然，虽一时异数，然两朝滥典，人以为骇，不知宪宗朝亦有之。成化廿三年，诏赠'静一冲元守道清修履和养默崇教抱朴安恬真人'。王文彬父为太常寺丞，母为安人，盖亦十八字，而世无能记忆者，盖其时左道杂进，如邓常恩、赵玉芝辈方横甚，则真人又为恒事矣。至弘治十七年，上命阁臣撰真人杜永祺等诰命，刘健等力谏，以为宗庙谥号不过十六字，而此辈封号乃多至十八字，宜令停止，则滥典亦如成化间矣。若嘉靖末年，陶仲文封伯，加柱国荫玺丞，其真人号遂至二十字，此又当别论。"[4]

---

[1] 《明实录·太祖实录》卷 230，"洪武二十六年冬十一月癸卯"，台北："中央研究院"历史语言研究所，1962 年。

[2] 《明实录·仁宗实录》卷 7，"永乐二十二年十一月"，台北："中央研究院"历史语言研究所，1962 年。

[3] 《明实录·仁宗实录》卷 10，"洪熙元年春正月乙酉"，台北："中央研究院"历史语言研究所，1962 年。

[4] 〔明〕沈德符：《万历野获编》卷 27，北京：中华书局，1959 年，第 693 页。

自永乐末年,道官得号者越来越多,天顺八年(1464)十二月,"圣旨升左正一孙道玉为真人,给诰命"[1]。自此道官进封真人、高士更是寻常之事。宪宗、孝宗、武宗、世宗朝开道官传奉之例,道录司左右正一任满即可依次进封高士、真人,但也可以由圣旨传奉特别加封,一时真人、高士充斥道录司,多达一百多人,每有新君即位即有大规模的沙汰僧道官运动,但时隔不久又会掀起新一轮的道士赐号之风。

明初各品文散官同时授予勋阶,据洪武十二年(1379)的《敕谕神乐观提点》,神乐观提点又称"格神郎",似为勋阶之名。如龙虎山道士傅同虚,"洪武初授格神郎五音都提点、左正一仙官,主领神乐观事,掌天地坛事"[2]。但查《大明官制》文散官勋勋,正六品文官"初授承直郎,升授承德郎",并无格神郎的勋阶。考洪武二十五年(1392)十一月,明太祖朱元璋"命儒臣重定其品阶勋禄之制以示天下",对以前文散官的勋阶重新整理,自正一品至从九品皆有相应的勋阶,但僧道官例外,并未授予相应的勋阶,而神乐观格神郎也应是在此时被删去的,自此僧道官不授勋、不支俸作为祖制写入大明官制。

嘉靖中,道士邵元节以祷祀有功,加授礼部尚书,给一品服俸,卒后赠少师之勋,赐谥"文康荣靖";道士陶仲文以方术得宠而位至三公,"勋阶光禄大夫柱国,又兼食大学士俸,寻进食伯禄已,实封恭诚伯,岁食禄一千二百石"[3]。当然邵元节、陶仲文等以道流位至人臣,恩宠异常,是明世宗行皇帝一己之私的极端做法,不仅与大明祖制相

---

[1] 《明实录·宪宗实录》卷12,"天顺八年十二月",台北:"中央研究院"历史语言研究所,1962年。

[2] 〔清〕娄近垣编:《重修龙虎山志》卷7,《道藏》第36册,北京:文物出版社、上海:上海书店、天津:天津古籍出版社,1998年,第124页。

[3] 《明实录·世宗实录》卷490,"嘉靖三十九年十一月丙戌",台北:"中央研究院"历史语言研究所,1962年。

背，在三百多年的明朝历史上也属绝无仅有之例，更重要的是，带来了道士追求世俗权势的恶劣影响，于国无补，于教无益。《明史》论曰："道士有大真人、高士，高士等封号，赐银印蟒玉，加太常卿、礼部尚书及宫保衔，至有封伯爵者，皆一时宠幸，非制也。"[1]

---

[1] 〔清〕张廷玉等：《明史》卷74，"职官三"，影印文渊阁《四库全书》本。

4 道官公务制度

明太祖朱元璋建立的僧道官制度,其根本目的就在于管理、检束僧道,"凡内外僧道二司,专一检束天下僧道,恪守戒律清规"。国家加强对宗教的管理和控制,建立从中央到地方的道官网络体系,僧道官既受命于官方,作为国家官僚阶层的一部分,即负有国家所赋予的管理僧道事务的责任,执行国家的宗教政策和法令等。各级道教衙门通过建署置官、颁给印照等以行公务,但各处僧道官在具体职责、经费来源等方面仍有不少差异。

道官的职责范围

洪武十五年(1382)夏四月,"置僧道二司,在京曰僧录司、道录司,掌天下僧道;在外府、州、县设僧纲、道纪等司,分掌其事。……凡天下府州县寺观僧道名数从僧录、道录二司核实而书于册。……凡各寺观住持有缺,从僧道官举有戒行、通经典者,送僧录司、道录司考中,具申礼部奏闻,方许。州县僧道未有度牒者亦从本司官申送,如前考试,礼部类奏出给；凡内外僧道二司，专一检束天下僧道，恪守戒律清规，违者从本司理之，有司不得与焉"[1]。

从中可以看出朱元璋在建置僧道司之时，规定道录司及府、州、县各级道司的职责要求主要有：第一，道录司为掌领全国道教的总署，府、州、县各级道司分掌其事；第二，道录司有核实宫观名额、道士名籍的责任，具体来说就是令道录司每年造周知册上报礼部知道；第三，保举和组织各寺观住持的考选，即选拔所辖地方的宫观首领等；第四，组织无度牒的道士考试，颁发度牒；第五，检束道士行为，使之恪守清规戒律，处理道门之内的案件。

虽然对各级道司职责的规定极为详实，而道司似乎还具有独立的司法权，但在实际的实践中，对道司的权力往往有所限制。如道录司在组织寺观住持和道士考试时，往往以礼部、监察御史、六科给事中等监督，度牒之颁发实为礼部所掌；各级道司的司法权仅限于道门内部的戒律问题或道士之间的纷争，如有牵扯到军民之事，仍归有司处理决断。如此各级道司最主要的职责大概仅保留在核实宫观名额和道士帐籍之上。

永乐十六年（1418）礼部定僧道出家通制，愿意出家且符合规定的僧道行童，"从师授业五年后，诸经习熟然后赴僧录、道录司考试，果谙经典始立法名，给与度牒。不通者罢还为民"[2]。道录司组织的考试，主要以《道德经》《南华经》等为内容，考察道童对道教经典的熟悉程度。为了防止冒领、盗卖、伪造度牒及私自簪剃者，英宗初

---

[1] 《明实录·太祖实录》卷144，"洪武十五年夏四月"，台北："中央研究院"历史语言研究所，1962年。
[2] 《明实录·太宗实录》卷250，"永乐十六年冬十月癸卯"，台北："中央研究院"历史语言研究所，1962年。

年礼部令僧道录司造周知册，即登记领有度牒道士的名籍，颁布天下寺观以备查验。正统元年（1436）冬十月，"行在礼部尚书胡濙等奏：洪武间天下僧道给过度牒者，令僧录司、道录司造册，颁行天下寺观，凡遇僧道即与对册"[1]。周知册每三年一造，成为道录司最为主要的任务。

除了组织道士考试和名籍登记等本职工作外，道录司还负责编修道藏等道教事业。英宗时修道藏，以道录司官总其事。正统九年（1444）冬十月"丁未命道录司右演法邵以正点校道藏经于禁中"[2]。为皇室提供宗教服务也是道录司官的主要任务，如举办皇室斋醮祈福祝寿、祈雨祈雪祈晴、陵寝祭告、进献方药等。正统六年（1441）六月，礼部尚书胡濙因蝗灾等，奏请文武百官于各寺观行香修省，并令"道录司慎选道流，尽诚祈祷，庶几少回天意"[3]。

明初不许僧道官从事祈禳等事，明中后期道官多主动要求建斋祈祷，嘉靖十八年（1539）九月，"南京道录司左玄义王道诚等请为圣母建斋醮，允之"[4]。嘉靖十九年（1540）四月，"秉一真人陶典真奏建湖广黄州府黄冈县雷坛，妥神祝寿，免行差官，惟令赞教臧宗仁前去管理，请赐道录司一职给驿以行"[5]。嘉靖二十四年（1545）正月，

---

[1] 《明实录·英宗实录》卷23，"正统元年冬十月"，台北："中央研究院"历史语言研究所，1962年。

[2] 《明实录·英宗实录》卷122，"正统九年冬十月丁未"，台北："中央研究院"历史语言研究所，1962年。

[3] 《明实录·英宗实录》卷80，"正统六年六月庚午"，台北："中央研究院"历史语言研究所，1962年。

[4] 《明实录·世宗实录》卷229，"嘉靖十八年九月"，台北："中央研究院"历史语言研究所，1962年。

[5] 《明实录·世宗实录》卷236，"嘉靖十九年四月"，台北："中央研究院"历史语言研究所，1962年。

世宗还令道录司官赴宣府山西等处施药济民。

英宗时蒙古瓦剌部进犯北方边境,道录司左玄义仰弥高还被礼部保举参与宣府军务,"礼部尚书胡濙奏保道录司左玄义仰弥高谙晓阴阳兵法,已送宣府独石运谋协助"[1]。实际上,仰弥高并无军事才能,又不守本分,不过以此牟取名利罢了,早已超出道录司官的职权范围了。

府、州、县各级道司负责掌领本地道教事务,其职权较道录司更为简省。道纪司都纪副都纪、道正司道正、道会司道会,为一邑道众之首,主要负责检束道众、维修宫观、申领度牒、拣选住持、岁时祭祀等事务。地方道官因与政治之间的关系并不太过密切,故此多能够站在道门立场,努力发展本地的道教文化事业,维护道教教团的利益;地方道官还与本邑精英相往来,广泛参与地方公共文化事业和慈善活动,贡献颇多,享有很高的社会声望。

道官之印信

明代诸司印信形状多为方形,取为政"方正"之意,未入流衙门一般用长形条记,以示区别。明代道教衙门普遍颁给印信以供公务之用,所有官印的铸造均由礼部铸印局负责。真人、高士、提点、灵官及府、州、县各级道官品级不同,所颁之印规制也各有差异,分述如下。

(1)正一真人印信

明代龙虎山正一真人秩正二品,给印信。洪武元年(1368)八月,"命

---

[1] 《明实录·英宗实录》卷254,"景泰六年六月乙亥",台北:"中央研究院"历史语言研究所,1962年。

去其正一教主天师之称，改天师印为真人印，秩正二品"[1]。《明会要》载明代印制："二品银印，三品以下铜印，方厚有差。"[2]作为正二品的正一真人按照规制应给银印，但似乎所给的也是金印。万历五年（1577）四月"甲子命铸龙虎山玄坛铜印一颗给张国祥，并给还正一嗣教真人金印"[3]。表明此前正一真人曾给过金印。嘉靖中，道士陶世恩得宠，封真人号，甚至还给有玉印和象牙印[4]，逾制可谓甚也。

除龙虎山正一真人外，明代还有许多高道受封真人之号。洪武元年（1368）以道士经善悦为真人，掌从二品的玄教院，但未载印信。宪宗时期，道录司增设真人、高士等道职，真人正二品，高士正三品，皆给以诰命、印信。孝宗登基沙汰僧道官，"真人原赐玉冠、玉带、玉圭及银印之类，俱夺之"[5]。可知宪宗时期真人普遍给银印，遂成定制。景泰五年（1454）十二月，"赐守玄冲静真人邵以正银印"[6]。嘉靖五年（1526）二月，"以龙虎山上清宫道士邵元节为真人，赐银印"[7]。

（2）各级道司印记

《明会典》所载道录司的印信规制："僧录司、道录司……俱正

---

[1] 《明实录·太祖实录》卷34，"洪武元年八月"，台北："中央研究院"历史语言研究所，1962年。

[2] 〔清〕龙文彬：《明会要》卷24，北京：中华书局，1956年，第390页。

[3] 《明实录·神宗实录》卷61，"万历五年四月甲子"，台北："中央研究院"历史语言研究所，1962年。

[4] 《明实录·穆宗实录》卷3，"隆庆元年正月"，台北："中央研究院"历史语言研究所，1962年。

[5] 《明实录·孝宗实录》卷4，"成化二十三年十月丁卯"，台北："中央研究院"历史语言研究所，1962年。

[6] 《明实录·英宗实录》卷248，"景泰五年十二月"，台北："中央研究院"历史语言研究所，1962年。

[7] 《明实录·世宗实录》卷61，"嘉靖五年二月"，台北："中央研究院"历史语言研究所，1962年。

六品……铜印，方二寸二分，厚三分五厘。……各府……僧纲司、道纪司……俱正从九品，铜印，方一寸九分，厚二分二厘。……各州县……僧正司、道正司、僧会司、道会司，俱未入流，铜条记，阔一寸三分，长二寸五分，厚二分一厘。已上俱直纽九迭篆文。"[1]

诸道司印记皆为铜制、直钮、九迭篆文。道录司、道纪司等有品衙门公署之印称"印"，为正方形，而道正司、道会司等未入流公署之印则称"条记"[2]，为长方形。神乐观、诸山提点亦正六品，有提点印，惜未见印信规制的记载，盖与道录司相同。诸司之印根据品级差别，大小、厚薄也有非常严格的规定，品级越高，印信越大越厚，反之则越小越薄，反映了各级衙门之间严格的上下等级关系，诸司只能使用与本司品级相应的印记，绝不可逾越规制使用。

古代玺印大多有钮，以使在钮上穿孔系绶，系在腰带上。历代钮制形式颇为丰富，有龙钮、龟钮、麒麟钮、虎钮、驼钮等多种钮制，明代官印除了皇帝、王公、将军等印，一般官署印以直钮最为常用。九迭篆文是流行于宋代的官印字体，主要用于印章镌刻，其笔画折叠堆曲，均匀对称，视印文笔画繁简而定，并非一定为九迭。明代官印字体也采用宋代的九迭篆，甘旸《印章集说·国朝印》谓："国朝官印文用九叠而朱，以曲屈平满为主，不类秦汉制。则品级之大小，以分寸别之。"

明代对各衙门的印信管理和使用尤其严格，规定各司衙门各有掌印、封印之官，不许随意使用。《大明律》"封掌印信"："凡内外各衙门印信，长官收掌，同僚佐贰官，用纸于印面上封记，俱各画字，

---

[1] 〔明〕申时行等：《明会典》卷78，北京：中华书局，1989年，第448页。
[2] 〔清〕龙文彬：《明会要》卷24，北京：中华书局，1956年，第390页。

若同僚佐贰官差故，许首领官印封，违者杖一百。"[1]道录司由长官左正一掌印，佐贰官右正一封印，用印时道录司八员道官"圆坐署押"。当道录司长官缺出之时，则以实际掌权的真人、高士等掌领，如成化二十一年（1485）九月，道录司缺左正一，"司印令高士刘良辅掌之"[2]。

府、州、县各级道司开设衙门，一般都有礼部所颁降札付及印记，并以都纪、道正、道会署印。如万历《琼州府志》载："道纪司印向系本司道官护。"[3]若道官系各观道士轮任，则其印记亦随之轮署，如扬州府仪真县道会司，"其印记以各祠庙羽流轮署"[4]。明后期随着道官制度的破坏，各处所设道司有名无实，又多无公事可办，其官多久缺不设，其印亦多暂以道士掌管，其印记亦少有用处，仅具有公署存在之象征意义。如嘉靖《贵州通志》记载："时贵州宣慰使司道纪司都纪缺，以道人护印。"[5]如不慎有丢失印记，也可能面临裁撤公署的惩处，如嘉靖《天长县志》："道会司旧设在至道观，观废迁于玄帝祠，后失其印，遂不承选。"[6]明后期不少地方道教衰微，其衙门年久废弃，地方官长往往不愿看到宗教复兴，遂取消其衙门，收缴其印信，不再选补护印之人。魏校《庄渠遗书》："合浦有僧纲、道纪司而无僧道，所有印记宜贮府库，慎勿添立护印之人，崇长异教，觊觎复兴，仍禁民无得给度。"[7]这种情况在明后期是非常普遍的。

---

[1] 《皇明制书》卷13，《续修四库全书》第788册，上海：上海古籍出版社，1995年，第448页。
[2] 《明实录·宪宗实录》卷170，"成化二十一年九月甲子"，台北："中央研究院"历史语言研究所，1962年。
[3] 〔明〕陈于宸：《琼州府志》（万历），明万历刻本。
[4] 〔明〕申嘉瑞，〔明〕李文：《仪真县志》（隆庆），明隆庆刻本。
[5] 〔明〕郭经修，〔明〕张道：《贵州通志》（嘉靖），明嘉靖刻本。
[6] 〔明〕邵时敏修〔明〕，王心：《天长县志》（嘉靖），明嘉靖刻本。
[7] 〔明〕魏校：《庄渠遗书》卷9，影印文渊阁《四库全书》本。

道司经费与道官俸禄

（1）道录司经费来源

明初定僧道衙门，僧道官一依宋制全不支俸。但道录司即为管理全国道教事务的行政中心，日常办公等必然需要一笔不小的经费开支，这笔经费的来源是一个重要的问题。据《金陵玄观志》，南京道录司的办公费用皆出于朝天宫田产的收入，朝天宫有田产7处计12400余亩，每年可收田租银655两、米170余石。朝天宫包括道录司在内的"常住事务公费共银五十九两，夏季存银四十两，冬季存银十九两"。此外道录司的办公经费还包括纸札笔墨银4两、公务杂费银20两、年终岁报造册送册银5两等。[1]

南京道录司自迁都北京之后公署俱简，道官员额大为减缩，仅设左右玄义两员，所管领的事务亦仅限于南京，故其办公经费不至于太高，朝天宫田产收入足够其用。北京道录司作为中央道教行政中心，不仅道官员额多于南京，而且其公务繁多，尤其是频繁造周知册、道士帐簿等，办公经费必是一笔不菲的开支，这笔经费又是从何而来？

若北京道录司办公经费也与南京来源相同，则先考北京朝天宫的庄田收入。《宛署杂记》："朝天宫庄地，捌拾柒顷有奇。地在通州，地名麦庄里。宣德十年五月初六日，太监范弘传奉圣旨，通州麦庄田地八十七顷八亩四分五厘，钦赏朝天宫，永远焚修香火、墙垣等项。"[2]可知北京朝天宫庄田有8700余亩，虽略少于南京朝天宫田亩之数，但亦相当可观。然北京道录司公费多于南京，若仅以朝天宫庄田收入供养道众、修缮殿宇及日常办公经费，恐不足以支付，故朝廷应该还有

---

[1]《太仓州奉部院定租勒碑文》，《金陵玄观志》卷1，《续修四库全书》第719册，第154页。
[2]〔明〕沈榜：《宛署杂记》卷18，影印明万历二十一年刻本。

拨付道录司的用度经费。

（2）道录司吏员俸禄

洪武初定僧道录司衙门，"其官一依宋制，不支俸，给吏牍，以僧道为之，仍以佃户充从者"[1]。在文官制度健全的明代官僚体系中，僧道官不过是处于国家官僚机构之末的"杂流"而已，属于非正规的官僚，不免受到国家的"另眼相待"。僧道官虽有品秩，但皆属于"无功勋""无俸禄"的政治边缘性的政府佐僚。与一般文武百官不同的是，僧道官在教团事务之外没有行政权，与医学、阴阳学官之类一样，属于专业技术性官僚，皆是依靠自身的技艺作为谋生的手段，故此国家也不将僧道官的俸禄纳入财政支出的计划。

虽然洪武时期制定的僧道官不领薪俸的原则作为明代祖制没有被公然修改，但实际上并没有被很好地执行。在崇道炽热的嘉靖时代，祖制常常成为一纸具文，得宠的道员常被授以兼职而领取俸禄。如嘉靖四十四年（1565）正月"癸丑授法士唐秩、刘文彬为太常寺博士兼左演法，刘中孚、陶希濂、赵大忻、韩守桂为协律郎兼左至灵，俱带俸办事"[2]；或授以勋爵以领俸，如嘉靖中得宠的道士陶仲文，"时被宣召，至即赐坐，与语之，称为师，赏赉以数万计，又兼领三孤，列爵五等，前后几二十年"，先是以真人"食正二品俸。寻加少保、礼部尚书，寻又加少傅，余如故，食正一品俸，俄进兼少师，加号神霄紫府闻范保国弘烈宣教振法通真宣教忠孝正一真人，知道教事，勋

---

[1] 《明实录·太祖实录》卷144，"洪武十五年夏四月"，台北："中央研究院"历史语言研究所，1962年。
[2] 《明实录·世宗实录》卷542，"嘉靖四十四年正月癸丑"，台北："中央研究院"历史语言研究所，1962年。

阶光禄大夫柱国,又兼食大学士俸,寻进食伯禄已,实封恭诚伯,岁食禄一千二百石"[1];或赐有田产、禄米等,如龙虎山道士邵元节,深得世宗优宠,"复加真人,岁支米一百石,拨校尉四十名,按季更用"[2]。

据《金陵玄观志》,南京道录司道官的俸禄皆出于道录司所在的南京朝天宫。朝天宫有田产7处计12400余亩,每年可收田租银655两、米170余石。后因太仓州承租佃户霸占侵扣等原因,"钱粮岁征数目比之原额十不及三"。万历三十四年(1606),南京道录司申南京礼部祠祭清吏司查处,照例定租并"勒石建碑,永为遵守"[3]。

南京朝天宫租银、租米需供养有牒道士200名、学童100名,需银360两、米150石,另道录司在内"常住事务公费共银五十九两,夏季存银四十两,冬季存银十九两"。此外道录司的办公经费还有纸札笔墨银4两、公务杂费银20两、年终岁报造册送册银5两;薪酬有"左右玄义二员,香薪银共三十二两,米共四十八石,折银十九两二钱……道吏二名,银共六两"[4]。玄义二员年俸禄共计51.2两,平均每人年薪25.6两,比朝廷规定的从八品官的俸禄[5]少5两多,但比朝天宫大

---

[1] 《明实录·世宗实录》卷490,"嘉靖三十九年十一月丙戌",台北:"中央研究院"历史语言研究所,1962年。

[2] 《明实录·世宗实录》卷146,"嘉靖十二年正月辛未",台北:"中央研究院"历史语言研究所,1962年。

[3] 《太仓州奉部院定租勒碑文》,《金陵玄观志》卷1,《续修四库全书》第719册,第151页。

[4] 《太仓州奉部院定租勒碑文》,《金陵玄观志》卷1,《续修四库全书》第719册,第154页。

[5] 按明初制定的文武百官俸禄标准,正六品,年俸禄米120石,从八品,年俸禄米72石,明成祖时因粮仓亏空,各品官皆改为月禄米一石,其余部分(含布、绢等折算)折为银钞,此后成为定制。正六品官年俸折银部分约为36两、从八品官约为30.76两,当时1石米约为0.65两银折算。参见杜婉言、方志远:《中国政治制度通史》第9卷,北京:人民出版社,1996年,第451~452页。

住持的年俸[1]高出约2两。另外道录司道吏未入流，每人年薪仅3两。这是明万历中的南京道官俸禄水平，若以当时消费水平来看，似乎太过于微薄。

北京道录司经费及道官俸禄等，亦从南京道录司体例，取自北京朝天宫庄田收入。据《宛署杂记》，北京朝天宫之庄田有8700余亩，虽略少于南京朝天宫田亩之数，亦相当可观。但北京道录司官人数众多，若仅以庄田收入供养宫观道众、修缮殿宇及道官支俸，亦恐捉襟见肘。但北京道录司道官常为皇室举办斋醮祈福等活动，很多时候都有机会获得宫廷的赏赐，亦稍能补日用之不足。

道官的冠服、出行与朝会

洪武十五年（1382）十二月乙酉，"定天下僧道服色……道士常服青，法服、朝衣皆用赤色，道官亦如之。惟道录司官法、朝服衣缘文饰金。凡在京道官红道衣、金襕、木简，在外道官红道衣、木简，不用金襕，道士青道服、木简"[2]。法服、朝服皆道士在斋醮法事中所穿之服，而内外道官的公服，不分品级一律用红色道衣，上朝奏事与文官一样皆用木简（即插笏）。

文官一般顶戴乌纱帽，而道官则戴道士冠巾。明时道士流行戴网巾，太祖亦尝赐道官网巾冠带。《七修类稿》载："太祖一日微行至神

---

[1] 据《金陵玄观志》卷1，朝天宫大住持2名，香薪银共24两，米共36石，按上述每石米折银约0.65两计算，共折银47.1两，平均每人23.55两。

[2] 〔明〕俞汝楫编：《礼部志稿》卷64，影印文渊阁《四库全书》本。

乐观，有道士灯下结网巾。问曰：'此何物也？'对曰：'网巾。用以裹头，则万发俱齐。'明日有旨，召道士为道官，取巾十三顶颁于天下，使人无贵贱皆裹之也。"[1]明代官民服色规定极为严格，僧道官的冠服，实际上就是道士的本等道服，与一般文官官服截然不同，这是将道官与正统官僚区别开来。洪武初，道士、道官仅允许穿"云履"即布鞋，"洪武二十五年令正一道士许穿靴"[2]。

此外政府还规定了道官的出行规格。据《金陵玄观志》，僧道录司官出行之规格可与钦天监官相同，"僧道录司体统与钦天监相同出入，许依合用本品伞盖，遇官高者即敛之"[3]。伞盖是一种长柄圆顶、伞面外缘垂有流苏的仪仗物。古代官员出行时，前用仪仗队鸣锣开道，以左右随从执伞盖，不过官员的品级不同，伞盖亦有不同的规格。僧道录司官出行讲究排场，已失去其作为方外之人的纯朴作风，与一般俗官无异。在这种世俗官僚的体制下，致使许多道官抵挡不住来自世俗权势的诱惑，热衷于奔走官场，形同俗吏。

在京道录司高级道官，可以同百官一起参与朝会和宴会，按其品级高低，班次在文官之末。《明会典》："凡本司官每月止朝朔望，如遇庆贺颁诏等事，行礼皆预，班列于东。凡在京祭祀，本司官皆不预。在外同。"[4]道录司官的朝会每个月只有月初和月中两次，与文官同列于东序。但是在京祭祀等事，并不许道录司官参与，这是洪武初朱元璋所定的制度。洪武十七年（1384）三月"壬子命天下有司祭祀僧道

---

[1] 〔明〕郎瑛：《七修类稿》卷14，影印国家图书馆藏《续修四库全书》明刻本。
[2] 〔明〕俞汝楫编：《礼部志稿》卷178，影印文渊阁《四库全书》本。
[3] 〔明〕葛寅亮：《金陵梵刹志》卷2，《续修四库全书》第718册，第140页。
[4] 〔明〕申时行等：《明会典》卷178，北京：中华书局，1989年，第1019页。

官不与"[1]。

永乐初年，每逢皇帝赐宴百官，在京高级僧道官皆能预宴，以示朝廷隆恩。永乐元年（1403）夏四月，万寿圣节宴百官，"在京僧道官、大龙兴寺住持侍宴奉天殿"[2]；六月戊午赐宴，僧录司、道录司皆预宴[3]；十一月冬至节，在京四品以上"僧道官皆预宴"[4]，四品以上道官唯有真人（正二品）、高士（正三品）等，但神乐观提点、知观虽正六品亦得以预宴。道官在宴礼中的位次，《礼部志稿》中有详细的规定："凡大祀天地，次日庆成，大宴文武百官及四夷使臣、土官人等，其位次……神乐观提点、道录司、知观等官中左门序坐。"[5]

景泰五年（1454）八月庚辰，万寿圣节赐宴文武百官"掌道录司事真人邵以正班次未定，命列于祭酒之下"[6]，时邵以正封正三品高士，而国子监祭酒仅从四品，邵以正因此耿耿于怀。时正一嗣教真人张元吉"每遇庆贺来京赐宴，列于二品班之末"。值天顺三年（1459）春正月，邵以正已封为正二品真人，意图与张元吉班次相同，遂请礼部定其筵宴座次，上曰："殿上宴文武官，邵以正只送宴馔与之。"[7]《明史》记曰："帝曰：'殿上宴文武官，真人安得与？'其送筵席与之。遂

---

[1] 《明实录·太祖实录》卷160，"洪武十七年三月壬子"，台北："中央研究院"历史语言研究所，1962年。

[2] 《明实录·太宗实录》卷19，"永乐元年夏四月"，台北："中央研究院"历史语言研究所，1962年。

[3] 《明实录·太宗实录》卷21，"永乐元年六月戊午"，台北："中央研究院"历史语言研究所，1962年。

[4] 《明实录·太宗实录》卷25，"永乐元年十一月"，台北："中央研究院"历史语言研究所，1962年。

[5] 〔明〕俞汝楫编：《礼部志稿》卷70，"礼部二十九宴礼"，影印文渊阁《四库全书》本。

[6] 《明实录·英宗实录》卷244，"景泰五年八月庚辰"，台北："中央研究院"历史语言研究所，1962年。

[7] 《明实录·英宗实录》卷299，"天顺三年春正月"，台北："中央研究院"历史语言研究所，1962年。

为制。"[1]至此真人预宴之例遂停止。至嘉靖中,世宗奉道异常,真人、高士等高级道官仍能与百官预宴,如邵元节获封真人之号,"预宴奉天殿,班二品"[2]。

---

[1] 〔清〕张廷玉等:《明史》卷299,影印文渊阁《四库全书》本。
[2] 〔清〕张廷玉等:《明史》卷307,影印文渊阁《四库全书》本。

5　小结

　　明代是中国封建社会中央集权制度的高峰,也是道官制度最为完善的时期。明代道官制度吸取历代道教管理制度的经验,在继承宋元道官制度的基础上,建构了一套世俗化、官僚化的道官制度和更为体系化的道教管理制度,以加强官方对道教事务的严格管理和控制。此外,明代道官制度也存在不少弊端,尤其是明中期的道官传奉制度,严重破坏了道官的铨选程序,造成了道官的大量冗员和伪滥现象,这是应该引以为戒的。

　　此外,朝鲜王朝深受明朝崇道之风的影响,王室对道教亦颇尊重,曾于松都(开城)建昭格殿为国家斋醮之所,以道教礼仪祭祀。太祖三年(1394)迁都汉阳(首尔),五年在汉阳营建昭格殿,世祖十二年(1466)改称昭格署,祭祀之外又兼有道教管理的职责。昭格署掌管道士的考课和度牒的发放,设提调1名、令1名、别提2名、参奉2名、尚道1名、志道1名,署员以外置道学生徒10名。[1] 朝鲜昭格署作为俗官执掌道教和国家祭祀,具有明王朝礼部祠祭清吏司的功能。

---

[1]　[朝鲜]李能和:《朝鲜道教史》,首尔:普成文化社,1981年,第511页。

七 清代道官制度

清承明制,道官制度也基本沿袭明代,仍于礼部下置道录司以统领京城道教事务,后道录司改由亲王和内务府管辖,道录司的道官职位和员额也有所变化,神乐观(乾隆中改为神乐署)不隶属道录司。地方仍按例府设道纪司、州设道正司、县设道会司,各级道官例不给俸,但也有例外。此外正一真人虽然名义上掌管江南道教,但品级、待遇和地位等都较前朝不可同日而语。清代官方并不重视道教,随着国家对宗教控制的加强,各级道官日趋边缘化,并无管理道教事务之实权,徒有其名而已。清末随着新政的筹划和实施,延续2000多年的道官制度彻底终结。

1 道录司

道录司衙门与道官员缺

早在入关之前,清太宗皇太极就仿照明朝僧道官制度,在都城盛京设立僧录司和道录司以管理僧道事务。康熙朝《大清会典》:"凡僧道度牒,天聪六年(1632)定,各庙僧道设僧录司、道录司总管。"[1] 道录司设在盛京城隍庙内,夏天明为清朝第一任道录司道官。天聪九年(1635),"敕谕道录司夏天明知悉:朕念道教久湮,各处神庙无人祀奉,今命尔为道录司,凡系道士,咸听尔管,尔宜恪守道规,严加稽查,不许作践庙宇,隐藏流民,妄生事端,自取罪戾。故谕"[2]。此时道录司的员缺尚不明确,定都北京之后,盛京道录司衙门仍然保留,但只设道录一员,管理盛京道教事务。

---

[1] 〔清〕伊桑阿等:《大清会典(康熙朝)》卷71,《近代中国史料丛刊三编》,台北:文海出版社,1992年,第3619页。

[2] 中央研究院历史语言研究所编:《明清史料》丙编,北京:北京图书馆出版社,2008年,第1册,第48页。

顺治八年（1651），"授张应京正一嗣教大真人，掌道教。康熙十三年（1674）定僧录司、道录司员缺，及以次递补法"[1]。龙虎山正一真人只在名义上掌管道教，实际道教事务仍归道录司执掌。康熙《大清会典》载："（康熙）十三年定……道录司：正六品衙门，设左右正一二员、左右演法二员、左右至灵二员、左右至义二员。职专道教之事，属礼部。其衙门旧建于朝天宫，今无存。凡本司道官，俱由礼部选择，不支俸，与僧录司同。凡道士有二等：曰全真，曰正一。在外道士，府属道纪司，州属道正司，县属道会司管领，皆统于本司。"[2]规定了道录司属礼部所掌，为正六品衙门，依照明制，仍设道官8员，俱为汉缺，除了因避讳将左右玄义改称左右至义，清初道录司衙门所属、品级及道官职位、员缺，都与明代道录司完全相同。

道录司的8员道官之中，以左正一的职位最高，同时也常作为道录司的掌印官。据康熙十七年（1678）档案，"道录司左正一掌印马德龙，呈为今将京城内外宫观庙祠牌匾字样理合造报"，作为道录司左正一的马德龙，同时也是道录司的掌印，负责处理京城内外的道教事务。

清代道录司官员多来自江南正一派，以龙虎山道士居多，正一真人也被授予掌管道教的职责，并在京城设协理、提点2员以办事。康熙中，江南江阴县"沈法师名谦，号桐山，修目疏髯，工字画，善辞赋，精研道术，入都供道录司职"[3]，沈谦的弟子恽养深亦同时供职道录司。康熙三十九年（1700）龙虎山正一真人府监纪司张克诚留京，四十二年（1703），授张克诚提点兼京畿道录司[4]。

[1] 〔清〕赵尔巽等：《清史稿》卷115，北京：中华书局，1977年，第3297页。
[2] 〔清〕伊桑阿等：《大清会典（康熙朝）》卷162，《近代中国史料丛刊三编》第72辑，台北：文海出版社，1992年，第7787~7788页。
[3] 〔清〕陈廷恩修：《江阴县志》（道光），清光绪四年刻本。
[4] 〔清〕赵尔巽等：《清史稿》卷115，北京：中华书局，1977年，第3297页。

明代北京道录司署事的朝天宫毁于天启年间的大火后未曾重建，至清初已无存，故此清初北京道录司衙门尚无确定的场所署事，道录司道员于何处署事，并无资料记载。至雍正十一年（1733），龙虎山上清宫四品提点钦安殿住持娄近垣因祈祷有功，"封妙正真人并于大光明殿建西方丈居之，领道录司事"[1]。娄近垣住持大光明殿兼道录司道官，可以推测此时道录司可能于紫禁城西安门外的大光明殿办事。

大光明殿初建于明嘉靖三十六年（1557），为气势恢宏的皇家大宫观，清雍正十一年（1733）重修，令娄近垣住持，仍为皇家祭祀之所，并且也暂时充作北京道录司的衙门。乾隆元年（1736），"七月奉圣旨，妙正真人娄近垣带管道录司印务东岳庙住持"[2]，此时作为道录司掌印的娄近垣又被钦命为东岳庙的住持，自此北京东岳庙成为清代道录司衙门的新址，终清未再更改。东岳庙位于北京朝阳门外，元代玄教宗师吴全节主持修建，至治三年（1323）落成，为玄教的中枢所在。明清两朝，东岳庙作为皇家宫观，又得以多次扩建，规模宏阔，清康熙、乾隆时再次重修，作为清代道录司衙门所在地，道录司正官按例兼任东岳庙的住持。

至乾隆后期，道录司道官的职位和员缺有了新的变化，即在道录司8员的定缺之外新增了正印、副印、六城协理等缺，初期正印、副印曾由左右正一兼任，正印即为道录司的掌印正官，若正印缺出，由副印递补。正印道官品级为正六品，雍正元年（1723）娄近垣以上清宫四品提点管理道录司印务，实有优崇之意，并非正印道官之应有品级。

乾隆四十一年（1776）娄近垣卒，"六月其徒孙陈资琰掌道录司

---

[1] 〔清〕陈廷恩修：《江阴县志》（道光），清光绪四年刻本。

[2] 〔清〕娄近垣：《重修龙虎山志》卷8，《道藏》第36册，北京：文物出版社、上海：上海书店、天津：天津古籍出版社，1998年，第139页。

事"[1]，仍兼东岳庙住持。但陈资琰担任道录司正印不到半年，即被弹劾免职。乾隆四十一年（1776）十一月十二日"庄亲王永瑢奏为讯明治罪道录司正印陈资琰擅自盖印事"，"请将陈资琰革去道录司正印法官，令其充当道士，敬谨焚修，以免滋事。所遗道录司掌印额缺，相应请旨即将道录司副印汪克诚补放，其副印一缺并无所事，应请裁汰"。[2]据此可知，在陈资琰之前道录司已有正印、副印两缺，娄近垣曾"带管道录司印务"，实即道录司的正印道官。

道录司副印一缺因陈资琰被裁，光绪朝《钦定大清会典》并有记录："（乾隆四十一年）奏准裁道录副印一缺。"[3]此后道录司正印止称"管理道录司印务"，或直称"道录司"。至同治中，方重见道录司副印的记载。据同治十三年（1874）内务府档案，"正一真人府赞教前充京畿道录司副印法官徐保诚"奏称请假回观"劝选经忏熟习音乐通晓品行端方恪守清规道童数名赴京当差"[4]，可知道录司副印一缺此前已得以恢复。

乾隆四十一年后道录司的正式员缺定为9人，即道录司掌印及左右正一、左右演法、左右至灵、左右至义八座道官，道录司掌印道官不设品级，一般以品级最高的左右正一兼掌印。左右正一俱正六品、左右演法从六品、左右至灵正八品、左右至义从八品，与明代道录司八座的品级完全一致。此外，又分设六城道官，各设协理一名。嘉庆朝《钦定大清会典》载："京师……道官曰道录司一人，左右正一二人、演法二人、至灵二人、至义二人。道官分设各城者，东城、东南城、西城、

---

[1] 〔清〕陆锡熊：《宝奎堂集》卷9，道光二十九年陆成沆刻本。
[2] 中国第一历史档案馆军机处档案03-1422-019。
[3] 〔清〕昆冈等：《钦定大清会典（光绪朝）》卷501，"礼部·方技·僧道"，《近代中国史料丛刊三编》，台北：文海出版社，1994年。
[4] 中国第一历史档案馆内务府档案05-13-002-000829-0172。

西南城、北城、中城，凡六处。……道录司缺出，将办理祈祷事务承应勤谨之道官奏补，其分设各城之僧官、道官，各设协理一员。……道官兼正一等衔，给与部札，协理给与司札，缺出，按品升补。"[1] 道录司道官被分派至京城六处管理道教，而六名协理道官则以品级最低的右至义和委署右至义担任。委署右至义作为道录司的候补道官，并不在道录司正式员缺之内，但遇有右至义缺出，则按例得以升补。

道录司道官之铨选升补

道录司道官作为宗教官僚，其铨选升授之法，不同于以科举考选之文武职官。早在天聪六年（1632），国家草创，制度未备，首任道录司夏天明是以皇帝敕谕的特别方式任命的，至顺治年间方制定道录司道官的铨选之法。嘉庆朝《大清会典》载："凡僧道官补授：顺治四年题准，在京僧道录司由礼部考取，移咨吏部补授。"[2] 顺治四年（1647）确定道录司道官考试补授，由礼部负责主持选录，移咨吏部补授。顺治十五年（1658），又"题准僧录司、道录司等缺，由该司申送礼部，移咨吏部题补"[3]。重修制度后，道录司获得了举荐道官的权力，考试程序也一并取消，直接由道录司考试择取，申送礼部咨吏部题补。

据雍正朝《大清会典》载，康熙十三年（1674）议定僧道官选补之法："凡僧道官……道录司左正一由右正一补，右正一由左演法补，左演

---

[1]〔清〕托津等：《钦定大清会典（嘉庆朝）》卷29，"礼部·祠祭清吏司"，《近代中国史料丛刊三编》，台北：文海出版社，1994年。

[2]〔清〕伊桑阿等：《大清会典（嘉庆朝）》卷71，"礼部三十二·僧道喇嘛附"，《近代中国史料丛刊三编》，台北：文海出版社，1992年。

[3]〔清〕伊桑阿等：《大清会典（康熙朝）》卷8，"吏部六·满汉选法"，《近代中国史料丛刊三编》，台北：文海出版社，1992年。

法由右演法补，右演法由左至灵补，左至灵由右至灵补，右至灵由左至义补，左至义由右至义补，右至义以候缺僧道官补，如无候缺僧道官，行僧录司、道录司，选取在京僧人道士送部。礼部出题考试，经典谙熟者，或取十名或取二十名，咨送吏部存案，候有缺出，按名挨补。"[1] 礼部通过考试录取候补道官若干名，而道录司其他在职道官则是自上而下依次升补。乾隆元年（1736）议定，"道录等于道士内无家室实在住庙者，详慎选择充补"。乾隆元年沙汰应付僧和火居道士，要求道官候选人必须是没有家室、出家住庙的道士。

当然在按例升补之外，皇帝仍会偶尔降旨敕授道官，如康熙年间道录司道官张克诚、张士杰都是皇帝赐授的，雍正初年娄近垣以祈祷有功，被敕授为道录司掌印，这都是道官铨选之特例。乾隆四十一年（1776），道录司副印法官汪克诚奏准补放正印，就是遵照会典规定的程序升补的。据乾隆四十三年（1778）二月十一日的一条内务府档案，可以看出当时道录司道官升补的程序细则。

> 乾隆四十三年二月十一日内务府咨，据管理道录司印务汪克诚呈称，窃照道录司右正一管理西南城道官汪克诚补放道录司正印遗缺，又道录司委署右至义协理北城道官王端佑患病告退遗缺，俱经报明开缺在案。请将现在分管中城道官李慧明调补汪克诚所遗管理西南城之缺，其李慧明所遗分管中城之缺应将协理西城道官张德福升补。再汪克诚所遗道录司右正一缺应将现任管理西城道官兼左演法杨绍玢应转右正一，管理北城道官兼右演法罗广城应转左演法，管理东南城

---

[1]〔清〕允禄等：《钦定大清会典（雍正朝）》卷102，"礼部四十六祠祭清吏司·僧道喇嘛附"，《近代中国史料丛刊三编》，台北：文海出版社，1994年，第6788~6789页。

道官兼左至灵侯德荣应转右演法，管理中城道官兼右至灵刘贤智应转左至灵，管理东城道官兼左至义王源澄应转右至灵，新调补管理西南城道官兼右至义李慧明应转左至义，新升补分管中城道官兼委署右至义张德福应转右至义，其张德福所遗道录司委署右至义协理西城升缺，选得昭显庙副住持张慧煜升补。又道录司委署右至义协理北城道官王端佑患病告退之缺，选得东岳庙焚修郭洁璧升补。[1]

道录司右正一兼副印汪克诚升补正印后，两年后才得以升补为左正一，其所遗之缺，由左演法至委署右至义依次升补，而候补道官委署右至义则自在京诸庙道士中拣选升补，故此道录司每遇员缺升补，几乎是全体道官职位的一次大调整。本次道录司升补不是由礼部和亲王负责，而是交由内务府监管，道录司公文等也一并通过内务府转呈，反映了乾隆后期道录司事务管理权的转移。僧道事务本归礼部所掌管，乾隆年间一度钦差亲王大臣管理僧道事务，乾隆三十八年（1773）"奉旨：向来特派王大臣所管之僧道事务，嗣后著归内务府兼管，不必另派王大臣"[2]。此后道录司道官之铨选等事亦一并交由内务府掌管。内务府设有专门办理僧道事务的官员，嘉庆二十一年（1816）二月初四日内务府掌仪司呈文称："嗣后凡有拣放法官、协理、住持并补缺、补粮等项事件及应行礼部等处一应文移，务须报明掌仪司并办理僧道事务官员，具呈回堂方准咨行办理。"[3]

---

[1] 中国第一历史档案馆内务府档案 05-13-002-000443-0033。

[2] 〔清〕托津等：《钦定大清会典（嘉庆朝）》卷920，"内务府·管理僧道"，《近代中国史料丛刊三编》，台北：文海出版社，1994年。

[3] 中国第一历史档案馆内务府档案 05-08-004-000075-0007。

嘉庆朝《钦定大清会典》又规定："道录司缺出，将办理祈祷事务承应勤谨之道官奏补，其分设各城之僧官、道官，各设协理一员……缺出，按品升补。……僧官、道官之选取、升补，均由内务府大臣办理，送部给札。"[1]反映的是乾隆朝的道官铨选之法，规定道录司道官缺出时，是从京城的各处道官中选取，按照品级高低依次升补，而道官的选取、升补之权，已交由内务府大臣办理，礼部给札。乾隆三十年（1765）议定，"凡有补放僧道等官，礼部既经查明，即行给发札付，于每年终汇总造册，送吏部存案"。

作为道录司主官的正印道官，其铨选程序则较普通道官更为特殊，其候选人并非自八座中按品选补，而是通过礼部自大光明殿、东岳庙的正一法官中拣选，要求"道法精通、行止端方、遇有祈祷雨旸道场经忏诸务妥协办理熟谙"，若无合适的人选，则委托正一真人遴选法官入京。早在康熙四十二年（1703），正一真人府检纪司法官张克诚随正一真人入京，掌印道录司。至雍正元年（1723），龙虎山上清宫提点娄近垣管理道录司印务。乾隆四十六年（1781），大光明殿副住持法官充补管理道录司印务。嘉庆五年（1800），管理道录司印务臧资章病故，内务府因拟放乏人，行文江西巡抚交正一真人遴选法官一二人至京，上清宫提点吴运茂"从前在大光明殿充当法官、随办一切祈祷道场，尚属谨慎"，故此被保举充补管理道录司印务兼大光明殿、东岳庙正住持。

自娄近垣始，清代管理道录司印务法官都同时兼大光明殿、东岳庙正住持，当正印缺出时，一般由内务府会同礼部在副住持法官三四人中拣选。如道光十六年（1836），管理道录司印务毛保光病故，拣

---

[1] 〔清〕托津等：《钦定大清会典（嘉庆朝）》卷29，"礼部·祠祭清吏司"，《近代中国史料丛刊三编》，台北：文海出版社，1994年。

选副住持法官刘熙和充补六品法官，管理道录司印务兼大光明殿、东岳庙正住持。道光十八年（1838），管理道录司印务刘熙和病故，拣选副住持法官陈熙和充补。道光二十九年（1849），管理道录司印务法官陈熙和病故，拣选副住持法官蒋长禧充补。

道录司印信与经费

清代道录司为礼部下属的正六品衙门，与其他政府部门的衙门一样，道录司也颁给印信，以便上下公文往来之用。道录司的印信由礼部颁给，铸印局负责铸造。嘉庆朝《钦定大清会典》："凡僧录、道录之印信，由部颁给。"[1] 清代各衙门印信根据品级定其材质和形制，康熙《大清会典》载："铜印……僧录司、道录司……方二寸二分，厚三分五厘。"[2] 这是当时所有正六品衙门印信的定制，与道录司平级之各司铜印"俱直纽，九迭篆文"。明代官印字体多用九叠篆，至乾隆十三年（1748），奉准道录司铜印改为垂露篆。垂露篆又称垂露书，汉代的书法体小篆，收笔如滴露一样，笔触温润，行笔工整，常用作篆刻的字体。《初学记·文字志》云："垂露书，如悬针而势不遒劲，婀娜若浓露之垂，故谓之垂露。"乾隆时期，道录司等衙门的铜印厚度皆增加至四分五厘，此后一直沿用未改。乾隆朝《钦定大清会典》载："道录司铜印，方二寸二分，厚四分五厘。"光绪朝《钦定大清会典》照录。

---

[1] 〔清〕托津等：《钦定大清会典（嘉庆朝）》卷920，"内务府·管理僧道"，《近代中国史料丛刊三编》，台北：文海出版社，1994年。

[2] 〔清〕伊桑阿等：《大清会典（康熙朝）》卷54，《近代中国史料丛刊三编》，台北：文海出版社，1992年。

清代官方的印信管理十分严格，如果印信丢失，掌印官要受到严厉的处罚，故此护印道官都十分谨慎。虽然如此，道录司印信还是不幸遗失过一次。据光绪二十八年（1902）道录司护理印务道官顾巨祥报称，光绪二十七年（1901）八国联军入京，大光明殿被焚毁，道录司印信一并遗失，呈请知照礼部补铸颁给。不过当时礼部的印模册档也因八国联军兵火焚毁，只好查旧存的用印文件，"查例开道录司印，清、汉文，垂露篆，铜质直钮，方二寸二分，厚四分五厘"[1]。其规制与《大清会典》所载定制相同，"查系初次补铸，所有式样大小厚薄悉照定制办理"。道录司印信按照清代官印的规定，以满文、汉文两种文字的垂露篆铸刻，但补铸的印信需要"于新印中行加添字样，以别新旧"。

道录司掌管印信的道官称掌印，初由品级最高的左正一掌印，乾隆后期道录司掌印道官多非左正一，龙虎山上清宫提点娄近垣也曾"带管道录司印务"，汪克诚也曾以右正一掌印。若遇正印缺出，则由道录司其他道官暂行署理道录司印务，或暂时封存印信，待副印升补手续完成后方能移交。正印为道录司的正官，副印为佐贰，一般正印掌印，副印护印，分别称"管理道录司印务"和"护理护理道录司印务"，在宫观道士名册造报、上下公文呈送中都需要钤道录司印信，需要正副印道官同时在场。

清代道录司道官，与明代一样例不支俸，这是僧道官区别于世俗官僚的特点之一。但道录司衙门办公之用品等，仍由户部按照来文给发。光绪朝《钦定大清会典》："僧录司、道录司需用纸张银朱，及各寺庙糊纸、面油等项，照该衙门来文给发。"这虽然反应的是盛京道录司的办公日用来源，当也适用于北京道录司。又北京道录司署事于大

---

[1] 中国第一历史档案馆内务府档案 05-13-002-000332-0105。

光明殿和东岳庙,其日用办公所需也当部分来自宫观香火和宫廷赏赐。

在道录司之外,清代也沿袭明制,于太常寺设立神乐观,位于天坛之南,是演练祭祀歌舞的场所。清代神乐观也是正六品衙门,例不隶道录司,设提点1人、左右知观各1人。乾隆八年(1743)改称神乐所,二十年(1755)改为神乐署,其职官和乐舞生亦不用道士,与道教已全不相干。

2 地方各级道官

府州县道司与道官

清代沿用明朝旧制,在府、州、县三级各置道司,府曰道纪司,州曰道正司,县曰道会司,各司分置道官以管理地方道教事务。康熙朝《钦定大清会典》载:"在外道士,府属道纪司,州属道正司,县属道会司管领。"地方道司的设置时间晚于道录司,但至迟康熙年间已经确定了地方各级道司的设置和道官员缺、品级、铨选、印信等项。

(1)地方道司的设置

康熙朝《钦定大清会典》载:"各府所属衙门……道纪司,都纪一员,副都纪一员……各州所属衙门……道正司,道正一员;各县所属衙门……道会司,道会一员。"并规定了各级道官的品级:"从九品……僧纲司都纲、道纪司都纪……未入流……僧纲司副都纲、道纪司副都纪、僧正司僧正、道正司道正、僧会司僧会、道会司道会。"这与明代地方道司的设置完全相同,反映的是清初各级道司的设置情形。至康熙、乾隆年间，地方道司设置的情况发生了一些变化，乾隆朝《钦定大清会典》载："在直省者府曰僧纲、道纪，州曰僧正、道正，县曰僧会、道会。均未入流。府二人，州县各一人。"这里府道纪司都纪品级已从九品降为不入流，这可能是编纂者忽略所致，此后仍见都纪授予从九品职位的记载。又嘉庆朝《钦定大清会典》载："道官府曰道纪，州曰道正，县曰道会。惟衡山县称道纪。府州县各一人。"至此地方道司设置发生了两点变化：第一，裁去道纪司的副都纪一缺，而"都纪"称"道纪"，实际上是对"道纪司都纪"之省称；第二，例外地将衡山县道官升为道纪。

衡山县境内的南岳是佛教和道教都十分兴盛的名山，佛道教事务自比普通县为多，原设县道会司品级过低，亦难当南岳道教管理之重任，故升级为道纪司亦符合现实的需要，名为"南岳永寿道纪司"，实际上是主管南岳道教的特殊道司。据乾隆《衡山县志》载，南岳永寿道纪司设在康熙四十六年（1707），道光《衡山县志》也记载衡山县旧有"道会司道会一人，今改南岳永寿道纪司都纪"，另在"仙释"卷载"南岳永寿道纪司"并列出历任都纪的姓名，有谭承叔、旷朝元、谢玉泰、赵国选、刘广仁、李仁谕、欧阳玉然、袁宣诚、贺待达、黄文章、康祖元、杨清林、欧阳庆祥等。

据康熙年间编修的《古今图书集成》，在《职方典》中根据方志详细列出各府、州、县乃至土司地区的道司设置情况，当然有些记录的内容属于明代的资料，但清初的情况也基本如此。大部分的府、州、县根据当地道教管理事务之需要，都按会典之制设置了各级道司，道司署事于道官所居的宫观。此外清代地方道司设置，除衡山县外，还有这样一些特例：一是府附郭县道教事务统属道纪司，一般不设道会司，但也有例外单设的情形；二是各州不分直隶州、散州，所设道司皆称道正司,直隶厅和散厅的道司也称道正司;三是地处边疆的土司和卫所有的也设置道司,比如宁夏卫和天全六番宣威使司设有道纪司。

(2)地方道官的铨任

清代地方道官之铨选,也有一套成熟系统的制度,康熙朝《钦定大清会典》载有详细的铨选程序:"顺治四年题准……各府州县僧道等官,命其布政司遴选,保举报部,转咨吏部授职。康熙十三年议准:在外僧道等官,由各该抚移咨礼部详查,转咨吏部补授,准其注册,停其具题。仍知会礼部填给札付,移咨该抚行令任事。"顺治四年(1647)定地方道官由各省布政司负责遴选,上报礼部,由礼部转吏部授职,吏部将题本上奏皇帝。康熙十三年(1674)改定地方僧道官的铨选制度,改由各省巡抚考察选定后,移咨吏部补授注册,不再需要上奏皇帝,但仍需要知会礼部给札,然后移咨地方巡抚任命。地方道官铨选和任命的权力由礼部下放到了各省巡抚,礼部和吏部只是配合完成手续而已。

乾隆朝《钦定大清会典》对地方道官之铨选条件做了补充:"在直省者府曰僧纲、道纪,州曰僧正、道正,县曰僧会、道会。(均未入流)府二人,州县各一人,由直省咨部给札,均择其朴谨者为之,仍服方外衣冠,不得与职官并列。"明确了地方道官铨选之首要标准是朴实、谨慎,而对道官的管理能力、在道门中的影响力等因素并不看重。特别需要说明的是,虽然国家官制将道官列入,但又明确要求道官仍穿道服,也不能与其他职官并列,实际上是将道官排除在正统官僚体系之外,僧道官的地位相比明代更加卑微。

康熙十五年(1676)停发僧道度牒,乾隆初年沙汰僧道,严格度牒的发放,令不住庙的应付僧、火居道士还俗,由此导致不少地方的僧道官乏人选充,故此乾隆中期对地方僧道官铨选制度做了许多调整。

乾隆三十六年（1771）"议准各省如实在无戒僧及清微灵宝道士可以充补僧道官者，准其以曾受戒之应付僧及住庙焚修之全真道士，报部充补，仍取具地方官印甘册结，咨部给札。至边僻州县，既无住持僧道，闲有游方僧道，来去无常，为数谅亦无几，该地方官督率保甲稽查，毋庸召募设官"[1]。清承明代传统，道官一般以正一派道士为之，沙汰火居道士以后，许多地方已经没有出家住庙的正一道士，而会典规定道官必须住庙，故此议定准许住庙的全真道士充任地方道官。而在那些没有出家道士的偏远地方，就干脆不再设置道官。

不过停发度牒执照所遗留的问题依然存在，乾隆三十九年（1774），"奏准直省各府州县额设僧纲、道纪等官遇有缺出，例选领有牒照之僧道，咨部充补。自牒照停止颁给以来，选充无人，往往悬缺未补，或致将未给牒照之僧道充补，应交各该督抚转饬地方官查明现在僧尼道士，除已有牒照者毋庸换给外，其实心焚修现无牒照，将年貌、籍贯并所住寺庙造具清册，申详该督抚陆续咨部，分别颁给牒照"。这次补发僧道牒照，主要是为了解决地方僧道官的问题。同年干脆彻底取消了僧道度牒，查办伪滥僧道也一并停止，并谕令："遇僧纲、道纪需人，所在地方官原可查明僧道中之实在焚修戒法严明者，具结呈报咨部给照充补，何必因此一二人之补缺，而令各省寺院通查滋扰耶？所有充补僧道官必须给有牒照之例亦着停止。"[2]

乾隆四十一年（1776）奏准"僧纲、道纪等官，有稽查僧道之责，员缺毋庸悬旷，令各督抚饬查各属，有悬缺未补者即行选充，每年底

---

[1] 〔清〕昆冈等：《钦定大清会典（光绪朝）》卷501，"礼部二一二·方技·僧道"，《近代中国史料丛刊三编》，台北：文海出版社，1994年。

[2] 〔清〕昆冈等：《钦定大清会典（光绪朝）》卷501，"礼部二一二·方技·僧道"，《近代中国史料丛刊三编》，台北：文海出版社，1994年。

造具清册，注明年龄、籍贯及补放日期，报部备查。如有半年以上悬缺不补者，查明揭发。再僧道等官，既令地方官出结咨补，如不定以处分，恐启滥行保送之弊，嗣后如僧道官有犯事者，将结送之原官交部察议"。要求地方官员及时选充道官缺员并造册报礼部备案，僧道官如有犯事，当初铨选的地方官也要连坐受查。虽然僧道官的铨选权下放到了地方，但连坐之法无形之中强化了对地方僧道事务的管控力度。

嘉庆朝《钦定大清会典》中，地方道官的铨选程序又进行了新的调整："凡僧官、道官，皆着于籍……直省……道官府曰道纪，州曰道正，县曰道会……由该地方官拣选，具结详报督抚，由督抚咨部给札补授，年终汇报吏部。"可以看出地方道官铨选权力再次下放，先由各、府、州县长官拣选上报各省的总督或者巡抚，由总督或巡抚咨礼部给札授官，不需同时咨吏部注册，只需在每年年终一并汇报即可。地方道官铨选任命权的再次下放，更加表明日趋边缘化的道官，在国家官僚体系中无足轻重。嘉庆朝《钦定大清会典》确定了地方僧道官的铨选任命制度，终清未再改动，光绪朝《钦定大清会典》照录其制。试举一例，《太清宫大方丈道会司王师法真墓志》：敦煌莫高窟太清宫住持王圆禄，在光绪年间重修敦煌三层楼等，"陆前县长嘉其功德，委为道会司，以褒扬之"。可以看出清代地方道官的任命权，实由地方长官所掌握。

（3）地方道司的印记

地方府、州、县各级道司，也遵照明制颁给印记。府属道纪司为从九品衙门，其印信为礼部颁给的方形铜印，所用字体为九叠篆文。康熙朝《钦定大清会典》载："铜印……僧纲司、道纪司……方一寸九分，厚二分二厘。……以上俱直钮，九叠篆文。"乾隆朝《钦定大清会典》记载道纪司铜印的厚度已增加至四分，乾隆十三年（1748），奏准道纪司等印的字体改为垂露篆。光绪朝《钦定大清会典》亦载:"神乐观、僧纲司、道纪司、巡检司铜印,方一寸九分,厚四分。"

乾隆二十一年(1756)正月,"军机大臣等议奏:各省所设府僧纲、道纪未给铜印者,报部补铸,其州县僧道官已给者应饬缴。从之"。说明府道纪司铜印普遍补给,但州道正司、县道会司的印信却被要求上缴。州道正司、县道会司的印信规制,会典并未明言,但极有可能是级别最低的长方形铜条记。乾隆二十四年(1759),礼部尚书伍龄安奏称,地方僧道官"多系土著,并无刑钱职掌及往返文移,借方外末秩,绾一部印夸耀乡里,不惟体制未协,且恐滋生事端,请概行停止,已给者饬令缴销"。至此所有地方道官的印信都被要求收缴销毁。"嗣后僧道、医学等官如有事故更换之处,仍随时咨部给发札付。"[1]

销毁地方僧道官印信在后来的管理实践中引起了诸多的不便,故此皇帝又批准礼部的请求,恢复了地方道司的印记。乾隆三十八年(1773)奏准"前经军机处、礼部奏请,将直省各府州县僧道、阴阳、医学等官印记撤回,停止铸给。但各职具有专司之责,凡出结具领等事,亦宜官给信守,以昭慎重。嗣后照官刻佐杂钤记之式,长二寸四分,阔一寸三分五厘,由藩司用官铺内梨木,照依各职官镌刻正字给发"。改制后的地方道司印记皆不再由礼部铸给,改"由该省布政司给发"。州道正司、县道会司衙门俱不入流,其印信在此前为长方形的铜条记,至此一并改为长方形的木条记,道纪司印信由铜制方印降为不入流衙门的长方形木条记,规制已经大大降低了。对地方道司印信的收缴和降级,反映清代官方对于地方道司权力的一再压制。

---

[1] 〔清〕托津等:《钦定大清会典(嘉庆朝)》卷390,"礼部·方技·僧道",《近代中国史料丛刊三编》,台北:文海出版社,1994年。

龙虎山正一真人

清朝入关之初，朝廷对于龙虎山正一真人的待遇并未确定。据《顺治朝实录》，顺治三年（1646）七月壬戌，"江西巡抚李翔凤进正一真人张应景符四十幅。得旨：凡致福之道，惟在敬天勤民，安所事此？朝廷一用，天下必致效尤。其置之"。这是清代朝廷首次接触正一真人，然而未引起重视，直到顺治六年（1649），方按照明制敕封张应景为"正一嗣教大真人"，并在名义上赋予其掌管天下道教的职责。龙虎山上清宫设有提点、法官、赞教等道官，以辅佐正一真人管理教事。

据《顺治朝实录》，顺治六年（1649）六月，"癸丑，封张真人五十二代孙应景为正一嗣教大真人，赐敕印"。明代龙虎山正一天师改称"正一嗣教大真人"，赐二品银印，清初保留了正一真人的印号，仍定为正二品，佩银印。其印之规制，康熙朝《大清会典》有载："大真人银印，直钮，二台，方三寸一分，厚八分，九叠篆文。"[1]

正一真人秩视二品，在顺治十六年（1659）庆贺万寿节时，第五十三代天师张洪任得以与衍圣公孔兴燮、五经博士颜绍绪等共同预宴。雍正五年（1727）第五十五代天师张锡麟入觐，袭封大真人，授一品光禄大夫，荣耀一时。乾隆七年（1742），第五十六代正一真人张遇隆诣京祝万寿，但不久皇帝依鸿胪寺卿梅珏成所言"道流卑贱，不宜滥厕朝班"，不允许张遇隆与诸臣一同参加朝会。乾隆十二年（1747），时任副都御史的梅珏成又奏称正一真人品级过于优崇。据《乾隆朝实录》载，乾隆十二年（1747）十二月辛未，"大学士等议覆副都御史梅珏成奏称：正一真人秩视二品，原属明代旧制，近复加至光

---

[1] 〔清〕伊桑阿等：《大清会典（康熙朝）》卷54，《近代中国史料丛刊三编》，台北：文海出版社，1992年，第2623页。

禄大夫，题请袭封。伏思孔子至圣、后裔承袭公爵，颜曾思孟以下不过博士，今张氏所袭竟与圣裔无别。请照提点、演法之类给与品级、停其朝觐筵宴等语。查正一真人世居江西龙虎山，至宋始有封号，元加封天师秩视一品，明初改正一嗣教真人，秩视二品，本朝仍明之旧，而会典不载品级。盖以类于巫史方外，原不得与诸臣同列。即康熙、雍正间，曾荷褒封，亦用以祈求雨泽，非如前代崇尚其教，而必阶以极品也。至从前给一品封典，亦因无案可稽，但凭旧轴题给，原未可为定制，嗣后应不许援例假借题请给封。至所奏授为提点、演法之类，所见亦是。但道录司左正一系正六品，正一真人有统率道众之责，若授为提点、演法，则亦系正六品。查太医院院使秩正五品，巫医本相类，请将正一真人亦授为正五品，其原用银印即令缴部，嗣后缺出，应令该抚查其子孙应袭者，取具地方官印结，咨部袭补，照道官例注册，至朝觐筵宴，均如该副都御史所奏停止。从之"。

雍正皇帝优崇道教，正一真人已升至极品，作为儒家官僚的梅瑴成则对于道教持贬抑的态度，先是奏请正一真人不得与群臣同列，此次再奏请降正一真人的品级至正六品，经大学士合议，给出了一个折中的方案，即降为与太医院院使同级别的正五品，令其缴回二品银印，停其朝觐筵宴，而天师承袭也由皇帝敕封降为照道官之例注册。乾隆三十一年（1766），第五十七代天师张存义袭爵入觐，并祈雨有功，乾隆皇帝的态度因此而发生变化，谕曰："正一真人向系承袭一品，前据左副都御史梅瑴成奏请量加裁抑，经大学士会同该部议覆降为五品。第念其自宋元以来承袭已久，世守道教，即遇有过愆，亦应抵其人以罪耳，不应议及其世袭也。然旧例一品班序未免太优，遽降五品又未免过于贬损。且其法官娄近垣现系四品，而伊品秩转卑，亦觉不协。今正一真人既来朝进京，著加恩视三品秩，永为例。该部知道。"

经乾隆皇帝批准，将正一真人品级升为正三品，成为清朝的定例。乾隆五十四年（1789）"谕正一真人嗣后五年一次来京"。嘉庆九年（1804）奏准，"正一真人系三品职秩，现用五品印信，与品秩不符，换给三品印信"。至此才将正一真人的五品印换成三品铜印。嘉庆中期以后，正一真人再次受到朝廷的冷遇。嘉庆二十四年（1819）谕："正一真人系属方外，原不得与朝臣同列，嗣后仍照旧例，一应朝觐筵燕，概行停止。"道光元年（1821）谕："闻奏正一真人张钰来京叩谒一折。张钰前经停其朝觐，著不准来京。"

上清宫提点司和茅山灵官

明代曾在茅山、阁皂山设八品灵官，在龙虎山、武当山、王屋山、齐云山等山各设提点若干，以管理诸山道教事务。清代仅保留正一宗坛龙虎山和上清宗坛茅山的道官，在龙虎山上清宫设提点、提举、赞教等道官，在茅山仍设灵官。

清代规定"正一真人有统率龙虎山上清宫道众之责"，上清宫提点司设有提点、提举、副理、赞教等法官，以辅助正一真人管理本山道教事务。嘉庆朝《钦定大清会典》："龙虎山上清宫……设提点一人，提举一人，副理二人，赞教四人，知事十八人。缺出，由正一真人保举报部给札。"上清宫提点等道官的任选，是由正一真人保举，礼部给以任命的札付。

清初许多来自龙虎山上清宫的道官进入道录司担任道官，康熙三十九年（1700），"真人府监纪司张克诚留京，置协理、提点二人"。康熙四十二年（1703），张克诚授提点兼道录司，裁协理一缺。雍正五年（1727），龙虎山道士娄近垣随第五十五代天师张锡麟入京，奉命礼斗祈雨，言谈举止深受雍正皇帝器重。雍正九年（1731），因为皇帝治病有验，封龙虎山上清宫四品提点兼钦安殿住持。雍正十一年（1733），娄近垣封妙正真人领道录司事。

上清宫提点品级定制为正六品，与神乐观提点的品级相同。娄近垣加封为四品衔，甚至超过了当时被贬抑的正一真人，实为雍正皇帝特殊的恩例。道光元年（1821）定"龙虎山上清宫设提点一员，正六品；提举一员，从六品；副理二员、赞教四员，均七品；知事十八员，未入流。缺出，由正一真人于本山道众内拣选充补。如提点缺出，由提举以下各员挨次升补，均出具考语，报部补放给札，并于每届年终造具各法官及道士年貌、籍贯清册，报明该省督抚，咨部查核。如正一真人有私钤执照发给法官，及用空白札付向各省考选道士并容士民投充挂名等事，该法官及投充之人，从重治罪，仍将正一真人职名咨送吏部议处"[1]。规定正一真人负责上清宫提点等道官的铨选，若道官缺出则按品级依次升补，报礼部给予札付，同时严格禁止正一真人私自考选任命法官。

清末正一真人亦在龙虎山之外的地方任命提举、赞教等道官，致使乱象百出，全无规制。据清徐珂撰《清稗类钞》，考明清时僧道二氏官职，称"府州县道教之首领既有道纪司、道正、道会以约束道士，而道士又服从于张天师。张世居江西贵溪县之龙虎山，其邸曰大真人府，亦复侈，作威福，设官分职，各处道士且亦有入赀得官者。於潜赵伯英广文逢年言其邑有道会司，设衔牌五，副于厅事：一为道会司正堂，则朝廷所授之职也，二为大真人府知事厅，三为大真人府赞教厅，四为大真人府仁静观提举厅，五为大真人府逍遥观提举厅，凡此四职皆

---

[1] 〔清〕昆冈等：《钦定大清会典（光绪朝）》卷501，"礼部·方技·正一真人事例"，《近代中国史料丛刊三编》，台北：文海出版社，1994年。

天师所授也"[1]。其事虽过于夸张，亦不符合规制，但从另一个侧面反映了地方道官贪图名利之丑态。

龙虎山上清宫提点司礼部颁给正六品铜印，乾隆十四年（1749），礼部借改铸满文篆书印信之机，奏请撤回大光明殿住持和上清宫提点司的印信。清代茅山灵官分正、副二缺。据《明清档案》，顺治十一年（1654）六月，"揭报保举住持道士唐仁泽堪任三茅山正灵官并请颁给印信"。明代茅山灵官为正八品，清代沿袭明制，茅山正灵官也当为正八品，至于其印信规制是否变化，及后来是否同上清宫提点司印信一同撤回等，亦不得而知了。

---

[1] 〔清〕徐珂：《清稗类钞》第3册，"爵秩类"，北京：中华书局，1984年。

3　小结

　　清代道官制度在沿袭明代制度的基础上,根据国家宗教政策的变化做了调整和改革。除雍正朝之外,清朝官方对道教的态度较为疏远和冷淡,但对于道教的管理和控制却日益严苛,各级道官的地位和权责一再受到限制和剥夺,道官越来越边缘化。道录司道官主要职责不过是服务皇家斋醮仪式、管束京城各处道众和登记宫观、道士名录等,地方各级道官受地方官僚的管束,并无实际的道教事务管理权力。正一真人名义上负有管理天下道教的责任,实际上仅仅只有统领龙虎山道众的权力。清代各级道官多由正一道士担任,但道录司道官多出自正一真人举荐的法官,全真道士则仅仅在地方实在缺乏住庙的正一道士时,才能得以充补道官。清代是古代道官制度逐渐走向没落和终结的时期,道教管理制度也由此翻开了新的一页。